Animation ist keine »Kosmetik«. Es geht darum, GUI-Erfahrungen weniger willkürlich erscheinen zu lassen und das Verhalten von GUIs transparenter zu machen. Die Core-Animation-Entwickler von Apple und Bill Dudney haben dies verstanden. Sein Buch ist eine eingehende, gedankenreiche Anleitung zur Nutzung des API und der Ideen dahinter.

Chris Adamson, Autor von *QuickTime for Java: A Developer's NoteBuch*

Es ist großartig, ein Buch für Mac-Entwickler zu finden, das sich auf ein Thema konzentriert und dabei gute Arbeit leistet. Sein Tempo ist ausgezeichnet und ermöglicht es Ihnen, einfache Animationen in Minuten zum Laufen zu bringen. Wenn das Buch tiefer in sein Thema einsteigt, erhalten Sie gerade die richtige Menge von Informationen, um zu verstehen, was Sie tun, ohne das Gefühl zu bekommen, einfach nur Anweisungen auszuführen; dennoch wird das Buch nie zu einem trockenen Referenzwerk, das Sie mit unnötigen Details belastet.

Steve (»Scotty«) Scott, The Mac Developer Network (*http://www.macdevnet.com*)

Endlich! Die umfassende How-to-Anleitung, auf die wir alle mit unseren Core-Animation-Nöten gewartet haben.

Eric Wing, Entwickler

Als früher Anwender der Core-Animation-Technologie zur Erstellung von Videator habe ich nur eine Klage: Hätte ich Dudneys Buch schon früher gehabt, wäre ich in der Hälfte der Zeit fertig gewesen!

Andrew Stone, CEO, *www.stone.com*

Core Animation ist eine aufregende neue Library für Entwickler für das iPhone und den Mac. Bill Dudneys Buch ist ein großartiger Begleiter für Cocoa-Programmierer, die ihr Arsenal an Entwicklungswerkzeugen erweitern wollen.

Daniel Jalkut, Gründer von Red Sweater Software

Apple hat die Leistungsstärke der zugrundeliegenden Grafik-Engine von Mac OS X in ein Framework abstrahiert, mit dem wir alle die Benutzererfahrung verbessern können. Bill Dudney liefert uns eine Landkarte zu diesem Framework, gerade rechtzeitig als Ergänzung, während Apple die nächste neue Plattform, das iPhone-SDK, auf den Markt bringt. Jetzt liegt es bei uns, schönen Code zu liefern.

Bill Shirley, Senior-Software-Architekt, Frazer, Ltd.

Core Animation für Mac OS X gehört zu den allzu seltenen How-to-Büchern über Software-Entwicklung, die sowohl gründlich informieren als auch unterhaltsam zu lesen sind. Wenn Ihre Anwendungen im Wettbewerb auf dem Mac-Markt bestehen sollen, müssen Sie Core Animation beherrschen lernen. Dieses Buch bringt Sie dem Ziel sehr viel näher, Ihre UI-Entwicklungsfähigkeiten so auszubauen, dass Sie mit den aufregendsten Trends der Software-Entwicklung für Mac OS auf dem Desktop, auf dem iPhone und darüber hinaus Schritt halten können.

John C. Fox, Schöpfer von MemoryMiner

Die Konzentration auf die Prinzipien der Animation und die sanfte Lernkurve macht Core Animation für Mac OS X zum perfekten Begleiter bei Ihrem Umstieg auf das neue Framework.

Danny Greg, Entwickler, Realmac Software

Dieses Buch ist eine großartige Ergänzung zu Apples Programming Guide. Mit diesem Buch konnte ich in nur wenigen Nächten problemlos UI-Animationen zu meiner Cocoa-Anwendung hinzufügen.

Bill Nalen, Cocoa-Entwickler

Bill Dudney

Core Animation

für Mac OS X und iPhone

Eindrucksvolle dynamische User Interfaces erstellen

Übersetzung aus dem Amerikanischen
von Reinhard Engel

mitp

Bibliografische Information der Deutschen Nationalbibliothek
Die Deutsche Nationalbibliothek verzeichnet diese Publikation in der
Deutschen Nationalbibliografie. Detaillierte bibliografische Daten sind
im Internet über http://dnb.d-nb.de abrufbar.

ISBN 978-3-8266-5054-3
1. Auflage 2009

Übersetzung der amerikanischen Originalausgabe:
Bill Dudney: Core Animation for Mac OS X and the iPhone: Creating Compelling Dynamic
User Interfaces, ISBN: 9781934356104
Original English Edition Copyright © 2008 The Pragmatic Programmers, LLC.
All Rights Reserved.

Printed in Germany
© Copyright 2009 by mitp-Verlag
Verlagsgruppe Hüthig Jehle Rehm GmbH
Heidelberg, München, Landsberg, Frechen, Hamburg
www.it-fachportal.de

Lektorat: Sabine Schulz
Korrektorat: Petra Heubach-Erdmann
Satz: III-satz, Husby, www.drei-satz.de

Inhaltsverzeichnis

Einführung

Als Erfinder brauchen Sie gutes Vorstellungsvermögen und haufenweise Schrott.

Thomas A. Edison

Animation war seit der Einführung von Mac OS X ein wichtiger Teil des UI (User Interface; Benutzerschnittstelle). Sie haben wahrscheinlich den Jeannie-Effekt (»Geist-in-der-Flasche-Effekt«) so oft gesehen, dass Sie kaum noch auf ihn achten. Aber ich erinnere mich noch an das erste Mal, als ich sah, wie ein QuickTime-Movie mit diesem Genie-Effekt minimiert wurde. Das Movie lief weiter, während das Fenster auf seinem Weg zum Dock schrumpfte und sich verzerrte. Unglaublich! Oder wie war es, als Sie zum ersten Mal den Vergrößerungseffekt des Docks sahen? Dies ist nicht nur etwas für's Auge, dies ist wunderschön! Selbst in der Zeit vor Mac OS X gab es NeXTstep mit dem animierten Recycle Bin (Papierkorb). Sobald verworfene Dateien gelöscht wurden, spielte der Papierkorb eine Animation ab. Das war nicht annähernd so elegant wie heute bei Mac OS X, aber für damals war es erstaunlich. Ich erstellte Dateien, nur um sie löschen zu können! Je leistungsstärker unsere Hardware wird, desto selbstverständlicher werden derartige Effekte standardmäßig in unsere Anwendungen eingefügt werden.

Beachten Sie, wie Apple Animationen in seine Betriebssysteme und Anwendungen integriert. Wenn der Benutzer etwa Front Row startet, bekommt der gesamte Desktop ein animationszentrisches Look-and-Feel mit geschmeidigen Animationen und wunderschönen Reflexionen. Selbst wenn Sie eine einfache Präsentation in Keynote ausarbeiten, stoßen Sie auf Animationen. Wenn Sie in Keynote ein Slide an eine andere Stelle einer Präsentation verschieben, werden die anderen Slides beiseitegeschoben, um dem zu verschiebenden Slide Platz zu machen. Dies sieht nicht nur großartig aus, sondern hilft dem Benutzer auch, die Auswirkungen seiner Aktionen zu verstehen. Keynote und Front Row informieren ihre Benutzer subtil oder aufregend durch gezielte Animationen.

Viele andere Anwendungen in Mac OS X und auf dem iPhone – Produkte sowohl von Apple als auch von Drittanbietern – verbessern inzwischen die Benutzererfahrung (*user experience*), indem sie das Aussehen und Verhalten ihrer Benutzerschnittstellen mit Animationen anreichern. Animationen werden immer häufiger verwendet, so dass die Benutzer sie mittlerweile erwarten. Die gute Nachricht ist, dass die Implementierung von Animationen mit Core Animation einfach ist.

1.1 Was ist Core Animation?

Core Animation ist eine Gruppe von Funktionen, die die Erstellung animierter Benutzerschnittstellen vereinfachen. In seiner einfachsten Form animiert Core Animation implizit die Properties (Eigenschaften, Attribute) von Views und Fenstern, ohne dass Sie animationsspezifischen Code schreiben müssten. Teilen Sie der View oder dem Fenster einfach mit, dass Sie eine Animation wünschen, und ändern Sie eine Property; Core Animation sorgt dann für die restlichen Details und erzeugt eine geschmeidige Animation, die den alten Wert in den neuen überführt.

Obwohl Animation in Mac OS X von Anfang an möglich war, hat es immer viel Zeit und Mühe gekostet, die Animation richtig hinzubekommen. Dabei ist nicht nur die Ästhetik der Animation schwer zu realisieren. Oft hat die technische Komplexität der Erstellung animierter UIs Entwickler gezwungen, den Einsatz von Animationen einzuschränken. Core Animation nimmt uns natürlich nicht die Schwierigkeit ab, ästhetisch ansprechende Benutzerschnittstellen zu erstellen, aber es nimmt uns einen beträchtlichen Teil der technischen Schwierigkeiten ab. Die Zeiten, wo wir Threads für Animationen codieren mussten, sind vorbei; jetzt können wir einfach eine Animation starten und dann vergessen. Core Animation kümmert sich um die Details.

Wenn Sie Animationen erstellen, müssen Sie zwei Dinge beachten: die Animationsdauer und die für einen geschmeidigen Verlauf bis zum Ziel benötigten Frames. Core Animation kümmert sich um beide Faktoren und arbeitet unter der Annahme, dass der Endzeitpunkt wichtiger ist, als dem Benutzer eine bestimmte Anzahl von Frames zu präsentieren. Praktisch bedeutet das, dass Core Animation Zwischenframes auslässt, um die komplette Animation rechtzeitig zu beenden, anstatt sich zu verspäten und alle Frames zu zeigen. Im Grunde bedeutet dies für uns als Programmierer, dass wir vorher nicht genau wissen, wie Core Animation eine Animation ausführt. Wie genau sie zur Laufzeit abläuft, hängt von diversen Faktoren wie etwa der Systemlast oder den Fähigkeiten der Grafikkarte ab.

Im Kern basiert Core Animation auf einem Konzept, das als Layer (Schicht) bezeichnet wird. Ein *Layer* ist eine zweidimensionale Oberfläche, die in drei Dimensionen animiert werden kann. Als zweidimensionale Komponenten haben Layers keine Tiefe; doch weil sie in einem 3D-Raum dargestellt und animiert werden können, können sie in verschiedenen Tiefen positioniert, gedreht oder anderweitig in eine Szene eingefügt werden. Dies ist der Trick, auf dem das Aussehen von Anwendungen wie Front Row oder von UI-Elementen wie Cover Flow in iTunes oder im Finder basiert. Die Icons, die in der Auswahlpalette von Front Row angezeigt werden, wenn Sie die Auswahl in dem Menü ändern, sind zweidimensionale Bilder, die auf einer 3D-Platte platziert sind und dann auf dem äußeren Rand dieser Platte verschoben werden, wenn Sie eine Auswahl ändern. Cover-Bilder in iTunes werden mit einer perspektivischen Transformation dargestellt, damit ein nicht ausgewähltes Album-Cover so aussieht, als befände es sich leicht gedreht hinter dem ausgewählten Cover. Diese (und viele andere) Treatments (»Behandlungen, Bearbeitungen«) sind einfache Transformationen, die bei Core Animation laufend verwendet werden.

1.2 In diesem Buch

Core Animation wurde mit Version 10.5 (Leopard) von Mac OS X in das Betriebssystem aufgenommen und mit dem Rest von Cocoa integriert. Deshalb können Sie die Funktionen verwenden, ohne ein komplett neues Paradigma über das Design und Erstellen von Benutzerschnittstellen lernen zu müssen. Tatsächlich können Sie die meisten Vorteile und Funktionen von Core Animation nutzen, ohne die komfortable Welt der viewbasierten Benutzerschnittstellenprogrammierung von AppKit zu verlassen. In den ersten Kapiteln dieses Buches liegt der Schwerpunkt auf der Nutzung der engen Integration von Core Animation mit AppKit. In den späteren Kapiteln geht es dann hauptsächlich um die Aspekte, die mit einer rein Core-Animation-basierten Benutzerschnittstelle realisiert werden können.

In Kapitel 2, *Cocoa-Animation*, beginnt unsere Reise in die Welt der animierten Anwendungen mit einer Beschreibung der Möglichkeiten, die allein die Cocoa-APIs bieten. Das Buch beginnt mit den vertrauten Konzepten aus AppKit und führt langsam die zusätzlichen APIs ein, die zu dem Core Animation Framework gehören. Die Kapitel beginnen mit einer reinen AppKit-Animation und führen dann die Core-Animation-APIs ein, die direkt in AppKit integriert sind. Schließlich werden die zusätzlichen Funktionen erläutert, die von einem »reinen« Layer-backed UI von Core Animation geboten werden. Die allmähliche Einführung dient zwei Zwecken: Erstens: Sie soll zeigen, wie unbekannte Konzepte mit vertrauten verbunden sind, um den Übergang von dem Bekannten zu dem Neuen zu erleichtern, und wie sich das Neue mithilfe des Bekannten beschreiben lässt. Zweitens: Sie soll Ihnen die Möglichkeiten zeigen, ohne dass Sie das komplette Core Animation Framework lernen müssen. So ist es beispielsweise erstaunlich, was einfach durch eine Aktivierung des Layer-Backings alles möglich wird. Durch einen einfachen Aufruf einer Methode können Sie auf leistungsstarke Animationsfunktionen zugreifen, ohne Core Animation wirklich lernen zu müssen. Sie können Ihre Kenntnisse und Fähigkeiten allmählich je nach Anforderung ausbauen, anstatt sich, nur um anzufangen, mit einem komplett neuen Framework auseinandersetzen zu müssen.

Ich möchte jedoch nicht den Eindruck vermitteln, Core Animation wäre schwer zu lernen. Tatsächlich können Sie sich recht leicht in das Framework einarbeiten, nachdem Sie sich einige grundlegende Konzepte angeeignet haben. Und obwohl die Cocoa-APIs zahlreiche Animationen ermöglichen, sind die Core-Animation-APIs doch erheblich flexibler und funktionsreicher.

In Kapitel 3, *Animationsarten*, werden die verschiedenen Animationsarten vorgestellt, die in dem Core Animation Framework möglich sind.

In Kapitel 4, *Animations-Timing*, werden die Core-Animation-Klassen beschrieben, die das Timing von Animationen regeln. Dieses und das vorhergehende Kapitel gehen von einem AppKit-basierten Ansatz aus; und die Beispiele sind rein viewbasiert. Auch dies dient dazu, den Übergang zu erleichtern. Sie können jedoch die gelernten Konzepte direkt auf Core-Animation-Layer-backed Animationen übertragen.

In Kapitel 5, *Layer-backed Views*, werden die neuen Funktionen beschrieben, die durch die Aktivierung des Layer-Backings für unsere Views zur Verfügung gestellt werden. In diesem Kapitel werden die ersten Aspekte beschrieben, die mit Core-Animation-Layers möglich sind; aber auch hier liegt der Schwerpunkt auf dem AppKit-zentrischen Blickwinkel. Doch dies ist Ihr erster Schritt in Richtung auf eine Core-Animation-zentrierte Benutzerschnittstelle.

In Kapitel 6, *Gefilterte Views*, werden Core-Image-Filter in Aktion gezeigt (Core Image ist das von Apple verwendete Verfahren der Bildverarbeitung mit der GPU). Insbesondere wird beschrieben, wie Sie Dutzende von Core-Image-Filtern anwenden können, die für Ihre Views zur Verfügung stehen. Dieses Kapitel schließt die Beschreibung der Möglichkeiten ab, die von der Integration von Core Animation und AppKit geboten werden.

In Kapitel 7, *Core Animation*, werden Core-Animation-basierte Benutzerschnittstellen und der Layer Tree beschrieben.

In Kapitel 8, *Core-Animation-Layers*, wird gezeigt, was das in den Kapiteln 3 bis 6 erworbene Wissen über Core-Animation-Klassen mit Layers zu tun hat. Dieses Kapitel beschreibt die Arbeitsweise von Layers und was sie für Sie in den vorangegangenen Kapiteln geleistet haben, ohne dass Sie darüber nachdenken mussten.

In Kapitel 9, *Layer-Scrolling und Geometrie*, werden die Geometrie von Layers und die Möglichkeiten, sie zu scrollen, untersucht. Sie lernen die Ähnlichkeiten und Unterschiede zum Scrolling von Views in AppKit kennen und erfahren, wie Sie Ihr Wissen auf das Scrollen von Layers anwenden können.

In Kapitel 10, *Layers in 3D*, wird untersucht, wie Sie Layers in 3D animieren können. Dazu zählt auch die Erstellung eines anwendungsspezifischen Layer-Managers, der die Schwerarbeit übernimmt, damit unser Code zur Anwendungs- und Layer-Manipulation einfach bleiben kann.

In Kapitel 11, *Medien-Layers*, werden die verschiedenen Medienarten in einer gemischten, auf Layers basierenden Benutzerschnittstelle behandelt. Mit Core

Animation können Sie Medieninhalte verschiedener Arten beliebig kombinieren. Beispielsweise können Sie ein QuickTime-Movie gleichzeitig in derselben View wie eine OpenGL-Animation abspielen und eine Quartz-Composer-Composition im Hintergrund laufen lassen. Dieser Mix-und-Match-Ansatz eröffnet viele UI-Gestaltungsmöglichkeiten, die vor Core Animation einfach nicht möglich waren.

In Kapitel 12, *Core Animation auf dem iPhone*, behandeln wir schließlich die Core Animation für das iPhone. In diesem abschließenden Kapitel werden die Unterschiede zwischen der Entwicklung für das iPhone und für Mac OS X behandelt. Das Gute daran ist, dass Core Animation auf dem iPhone zu einem großen Teil identisch funktioniert; deshalb können Sie alles, was Sie hier gelernt haben, von einigen Ausnahmen abgesehen, auf das iPhone anwenden. In diesem letzten Kapitel lernen Sie diese Ausnahmen kennen und erfahren einige zusätzliche Tricks über die Core Animation auf dem iPhone.

Nachdem Sie dieses Buch gelesen haben, können Sie Ihr Wissen mit vielen einschlägigen Veröffentlichungen von Apple erweitern:

- *Introduction to Core Animation Programming Guide* [App08a] ist die Einführung, mit der Sie beginnen sollten.

- *Introduction to Core Image Programming Guide* [App08b] empfehle ich Ihnen als allgemeinere Einführung in Core Image.

- *Introduction to Quartz Composer User Guide* [App07b] enthält vertiefende Informationen über die Effekte, die Sie zu Ihren Animationen hinzufügen können.

- *OpenGL Programming Guide für Mac OS X* [App08c] vertieft Ihre Kenntnisse über die Arbeit mit 3D-Animationen.

- *Introduction to Quartz 2D Programming Guide* [App07a] ist die maßgebliche Einführung, wenn Sie sich auf zwei Dimensionen beschränken.

- *Cocoa Drawing Tips* [App06] enthält Tipps, wie Sie die Performance Ihrer Anwendungen und Animationen verbessern können.

1.3 Danksagungen

Die meisten Abschnitte mit Danksagungen enthalten Floskeln wie »ein Buch zu schreiben, ist eine große Sache«; und das stimmt. Aber irgendwie wird man damit der Sache nicht gerecht. Man beginnt mit einem einfachen Gedanken oder einem kurzen Gespräch, und bevor man sich's versieht, ist man nur noch damit beschäftigt, seine Gedanken zu ordnen und aufzuschreiben.

Dieses Buch begann einfach genug. Auf der JavaOne 2007 traf ich auf Daniel und erwähnte, dass ich meinen Schwerpunkt von Java auf OS X verlegen wollte. Er erzählte mir, dass er plante, einige OS-X-Bücher zu veröffentlichen, und wir darüber reden sollten. Einige Wochen später begann mein Abenteuer, das mit diesem Buch endete. Deshalb danke ich Daniel, dass er mich auf diese Schiene gesetzt und aus meiner Anfängerprosa einen lesbaren Text gemacht hat.

Außerdem danke ich den Leuten, die einen großen Teil ihrer Freizeit geopfert haben, um die technischen Aspekte dieses Buches zu begutachten. Durch ihren Input konnte ich mich in diesem Buch viel präziser ausdrücken und den Stoff besser organisieren. Dafür danke ich (in keiner bestimmten Reihenfolge) Tim Wood, Bill Shirley, Dylan McNamee, Jason Jobe, Daniel Jalkut, Antonio Nunes, Eric Wing, Scott Stevenson und Chris Adamson. Sie haben sich wirklich in den Inhalt vertieft und mir unschätzbares Feedback über die Genauigkeit, Reihenfolge und Gliederung des Buches geliefert. Ihr Beiträge haben das Buch erheblich verbessert. Die frühen Leser, die ihr Feedback in den Errata gegeben haben, haben ebenfalls dazu beigetragen, technische Fehler und viele andere Dinge zu finden, durch die das Buch viel besser wurde – danke!

Schließlich möchte ich einem 2.000 Jahre alten Zimmermann dafür danken, dass er aus meinem Leben mehr gemacht hat, als ich es je erhofft hatte oder mir vorstellen konnte.

1.4 Quellcode und andere Quellen

Den Code finden Sie auf der Website des Buches: `http://www.it-fachportal.de/5054`. Es handelt sich dabei um den Original-Quellcode des amerikanischen Autors. Der Code ist sehr umfangreich (etwas über 60 MB) enthält zahlreiche komplette Xcode-Projekte. Jedes Projekt wurde mit Xcode erstellt. Deshalb können Sie den Code herunterladen, entpacken und einzelne Projekt einfach per Doppelklick öffnen, um die die Schritte nachvollziehen.

Der Code enthält einige Englisch-sprachige Kommentare, die aber für das Verständnis nicht von Belang sind. Alle wesentlichen Erläuterungen des Codes erfolgen im Buch.

Wenn Sie Zip-Datei mit dem Code herunterladen und entpacken, erhalten Sie eine Verzeichnisstruktur, die den Kapiteln entspricht (allerdings mit etwas anderen Überschriften). Der Pfad zu einem einzelnen Projekt ist jeweils in der Überschrift der grau unterlegten Code-Einschübe angegeben.

Außerdem sollten Sie einen Blick auf die Screencasts für Core Animation werfen (`http://www.pragprog.com/screencasts/v-bdcora/`). Sie vermitteln (leider nur in Englisch und mit zusätzlichen Kosten) den Stoff des Buches auf eine etwas andere Weise: Sie gehen nicht von dem AppKit, sondern von Core Animation aus. Da Screencasts naturgemäß visuelle Medien sind, können Sie die Animationen beobachten, während Sie die Anwendungen in diesem Buch entwickeln.

Schließlich noch eine Anmerkung zum Inhalt und Schwerpunkt dieses Buches: Wie Edison sagte, braucht man als Erfinder Schrott und Vorstellungskraft. Schrott ist das Rohmaterial einer großartigen Erfindung. Für den Stumpfen und Gleichgültigen ist Schrott nutzlos, aber für jemanden mit Vorstellungskraft und Wissen ist Schrott eine Erfindung, die darauf wartet, geboren zu werden. Dieses Buch soll Ihnen helfen, die Rohmaterialien zu verstehen, mit denen Sie in Core Animation arbeiten müssen. Anstatt Ihnen vorgefertigte Lösungen zu liefern, versuche ich, Ihre Vorstellungskraft anzuregen. Häufig werden Beispiele speziell zu dem Zweck erfunden, die Funktion einer Komponente oder das Zusammenwirken mehrerer Teile zu illustrieren, und nicht, um eine bestimmte geeignete Anwendung zu demonstrieren. Häufig verwende ich auch weniger genutzte Effekte oder Elemente, um einen Punkt zu illustrieren oder Ihre Aufmerksamkeit auf andere Optionen zu lenken. Core Animation ist neu; und als »Community« (Gemeinschaft) müssen wir durch Experimentieren herausfinden, wie wir dieses Tool »am besten« einsetzen können. Ist der Ripple-Effekt die beste Methode, um das Einfügen eines neuen Elements in das Dashboard zu zeigen? Wer weiß? Er sieht wirklich cool aus, aber vielleicht kommen Sie auf eine bessere Idee. Um die Grenzen des Möglichen in diesem neuen Framework auszuloten, müssen wir Kitschiges und Verrücktes produzieren. Dann werden wir verstehen, welchen neuen Schatz von Rohmaterialien wir vor uns haben und welche neuen Möglichkeiten damit vorstellbar geworden sind. Ich hoffe auch, dass dieses Buch Ihr Vorstellungsvermögen anregt, Erstaunliches zu erfinden.

Kapitel 2

Cocoa-Animation

Will man etwas beginnen, muss man aufhören zu reden und anfangen zu handeln.

Walt Disney

Wenn Sie in einer Welt ohne Animation auf den MINIMIEREN-Button eines Fensters klicken, verschwindet das Fenster einfach von dem großen Bildschirm. Dafür erscheint im Dock sofort eine kleinere Version des Fensters. Der Vorgang läuft so schnell ab, dass Sie vielleicht annehmen, Sie hätten das Fenster aus Versehen mit einem Klick auf den CLOSE-Button geschlossen. Oder Sie erkennen zwar, dass Sie den MINIMIEREN-Button angeklickt haben, aber wissen nicht, wohin das Fenster verschwunden ist. Mit einer kleinen Animation können Sie dagegen zeigen, wie das Fenster schrumpft und in das Dock eingefügt wird. Die Animation ist nicht nur unterhaltsam, sondern lenkt Ihr Auge auf den neuen Ort des minimierten Fensters.

In diesem Kapitel lernen Sie eine vereinfachte Version dieser Aktion kennen. Zuerst wird ein Bild augenblicklich geschrumpft und in die Mitte der rechten Seite des Bildschirms verschoben. Dann wird eine einzige Codezeile geändert, um den Effekt mit dem `animator`-Proxy zu animieren. Dieses Beispiel zeigt, wie Sie die einfachsten Animationen implementieren und mit den »Vorher«- und »Nachher«-Versionen experimentieren können, um ein Gefühl dafür zu entwickeln, wie Sie durch einen bedachten Einsatz von Animationen Ihre Benutzerschnittstellen benutzerfreundlicher gestalten können.

2.1 Verschiebung ohne Animation

Das erste Beispiel bildet einen Teil der Minimierung eines Fensters in das Dock nach. Ausgangspunkt ist ein Bild in der unteren linken Ecke eines Fensters. Wenn Sie eine Taste drücken, schrumpft das Bild und wird dann in der Mitte der rechten Seite des Fensters verankert. Es findet keine Animation statt.

Abbildung 2.1 zeigt die beiden Positionen des Bildes. Wenn Sie wiederholt eine Taste drücken, springt das Bild zwischen den Seiten hin und her.

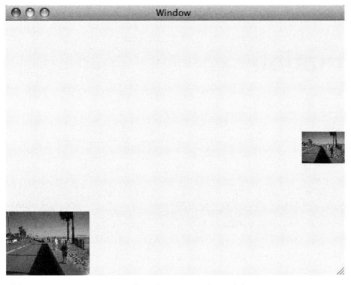

Abb. 2.1:   Ausgangs- und Endposition des Bildes

2.1.1   Das Fenster einrichten

Das Xcode-Projekt mit den erforderlichen Dateien befindet sich in Ihrem Code-Verzeichnis unter `code/CocoaAnimation/FirstAnimation/FirstAnimation.xcodeproj`. Die NIB-Datei enthält ein einziges Fenster mit einem `BaseView`-Objekt.

Der folgende Code-Ausschnitt aus der anwendungsspezifischen `View`-Klasse zeigt, dass drei Schritte erforderlich sind, um dieses `BaseView`-Objekt zu initialisieren:

1. Initialisieren Sie die beiden Rechtecke, die für die Ausgangs- und die Endposition des Bildes erforderlich sind (Zeile 4).

2. Fügen Sie das Bild zu der `NSImageView` hinzu, die zwischen diesen Positionen verschoben wird (Zeile 5).

3. Fügen Sie diese `NSImageView` zu der `BaseView` hinzu, damit die Aktion angezeigt wird (Zeile 6).

Download CocoaAnimation/FirstAnimation/BaseView.m

```
- (id)initWithFrame:(NSRect)frame {
  self = [super initWithFrame:frame];
  if (self) {
    [self initializeFramePositions];                      // 4
    [self addImageToSubview];                             // 5
    [self addSubview:mover];                              // 6
```

```
    }
    return self;
}
```

Außerdem müssen Sie die folgenden beiden Methoden überschreiben, um die
Tastatur-Events zu verarbeiten:

Download CocoaAnimation/FirstAnimation/BaseView.m
```
- (BOOL)acceptsFirstResponder {
  return YES;
}

- (void)keyDown:(NSEvent *)event {
  [self move];
}
```

Da die `acceptsFirstResponder`-Methode den Wert YES zurückgibt, ist diese
View der erste Responder in der Responder-Kette und kann deshalb als erste Komponente auf Key-Press-Events (das Drücken von Tasten) reagieren. Die `keyDown:`-
Methode leistet nichts Bemerkenswertes. Unbhängig von der gedrückten Taste
reagiert die Anwendung mit einem Aufruf der move-Methode. Nun zu den Details
der Bildverschiebung.

2.1.2 Anfangs- und Endposition setzen

Die `NSMakeRect()`-Funktion erstellt zwei Rechtecke: eines für die Anfangsposition in der unteren linken Ecke und ein kleineres in der Mitte der rechten Seite des
Fensters. Die Methode übernimmt vier Fließkommawerte als `CGFloats`. Das erste
Paar spezifiziert die X- und Y-Werte der unteren linken Ecke des Rechtecks. Das
zweite Paar spezifiziert Breite und Höhe des Rechtecks.

Die `initializeFramePositions`-Methode erstellt ein Rechteck, dessen Breite
ein Viertel der Fensterbreite und dessen Höhe ein Viertel der Höhe des umschlie-
ßenden Fensters beträgt. Das Rechteck wird in der unteren linken Ecke verankert.
Die Funktion erstellt auch ein Rechteck mit der halben Breite und halben Höhe
des ersten Rechtecks. Das zweite Rechteck wird in der Mitte der rechten Seite des
Fensters verankert.

Download CocoaAnimation/FirstAnimation/BaseView.m
```
-(void)initializeFramePositions {
  CGFloat frameX = NSWidth([self frame]);
  CGFloat frameY = NSHeight([self frame]);
```

```
    leftFramePosition = NSMakeRect(0.0f, 0.0f, frameX / 4.0f,
                        frameY / 4.0f);
    rightFramePosition = NSMakeRect(7.0f * frameX / 8.0f,
                        7.0f * frameY / 16.0f,
                        frameX / 8.0f, frameY/ 8.0f);

    mover = [[NSImageView alloc] initWithFrame:leftFramePosition];
    isRight = NO;
}


-(void)addImageToSubview {
  [mover setImageScaling:NSScaleToFit];
  [mover setImage:[NSImage imageNamed:@"photo.jpg"]];
}
```

Die addImageToSubview-Methode wird der Vollständigkeit halber aufgeführt. Sie verknüpft das Bild mit der NSImageView.

2.1.3 Das Bild verschieben

Nachdem das Umfeld eingerichtet wurde, ist es überraschend leicht, das Bild zu verschieben. Sie prüfen einfach, ob das Bild auf der linken oder der rechten Seite steht, und verschieben es auf die andere Seite, indem Sie der NSImageView das der Zielposition entsprechende Rechteck übergeben.

```
Download CocoaAnimation/FirstAnimation/BaseView.m
- (void)move {
  if(isRight) {
    [mover setFrame:leftFramePosition];
  } else {
    [mover setFrame:rightFramePosition];
  }
  isRight = !isRight;
}
```

Erstellen Sie die Anwendung und führen Sie sie aus. Drücken Sie eine beliebige Taste auf der Tastatur und schauen Sie zu, wie das Bild zwischen den beiden Positionen hin- und herspringt.

2.2 Einführung in die Cocoa-Animation

In diesem Abschnitt erfahren Sie, wie leicht Sie eine Animation zu einer Anwendung hinzufügen können. In der Anwendung aus dem ersten Abschnitt wurde eine View ohne Animation verschoben. In diesem Abschnitt soll diese Anwendung das Bild mit Animation verschieben. Natürlich ist dies erst der Anfang. Es gibt viel zu lernen; doch den einfachsten Einstieg bieten die einfachsten Animationen.

2.2.1 Flüssige Bewegungen

Der Code muss nur geringfügig geändert werden, um die Bewegung aus dem vorhergehenden Abschnitt zu animieren. Anstatt die `setFrame`-Nachricht an das `NSImageView`-Objekt `mover` zu senden, rufen Sie zuerst den `animator` von `mover` ab und senden die `setFrame`-Nachricht dann an den `animator`.

```
- (void)move {
  if(isRight) {
    [[mover animator] setFrame:leftFramePosition];
  } else {
    [[mover animator] setFrame:rightFramePosition];
  }
  isRight = !isRight;
}
```

Ändern Sie den Code entsprechend und führen Sie die Anwendung aus. Das Bild wird jetzt flüssig zwischen seiner Ausgangsposition und seiner Endposition verschoben. Der `animator` wird etwas später im Abschnitt 2.3, *Animation und der Animator-Proxy*, ausführlich behandelt.

Dies sieht nicht nur besser aus, sondern reichert auch die Benutzererfahrung an. Der Benutzer sieht, was die Anwendung mit dem Bild tut. Natürlich ist bei einer derartig einfachen Anwendung offensichtlich, was mit dem Bild passiert, aber bei anspruchsvolleren Anwendungen sind die neue Position und die Minimierung des Bildes möglicherweise längst nicht so klar erkennbar. Die Animation liefert dem Benutzer zusätzliche visuelle Hinweise auf die Manipulation seiner Inhalte.

Schön, funktional und einfach – es war nur erforderlich, nicht die View direkt, sondern eine Methode von `animator` aufzurufen. Animation ohne Threads und Synchronisierung!

2.2.2 Vereinfachung der Animation

Animation ist nicht neu. Neu ist, wie leicht verschiedene Aspekte der Benutzerschnittstelle animiert werden können. Früher mussten wir als Entwickler eine zwischengespeicherte Repräsentation einer View erstellen und diese dann in einem anderen Thread auf dem Bildschirm verschieben. Dabei mussten wir die ganze Zeit darauf achten, dass der nebenläufige Zugriff auf Datenstrukturen korrekt verwaltet wurde. Obwohl man so einige nett anzuschauende Ergebnisse erzeugen konnte, war der zugrundeliegende Code oft so komplex, dass seine Wartung ein Albtraum war.

Animationen anwenden

Wenn Sie in diesem Buch neue Animationstechniken lernen, sollten Sie überlegen, wann und wo Sie sie einsetzen könnten. In dieser ersten Anwendung werden nur die einfachsten Animationen verwendet, um es dem Benutzer zu ermöglichen, eine affine Transformation zu verfolgen. Apple verwendet ähnliche Techniken, um Fenster zu reduzieren und im Dock abzulegen, um die Sidebar in der Vorschau-Anwendung anzuzeigen oder um alle auf dem Desktop angezeigten Fenster in Exposé zu verkleinern.

Wann also sollten Sie *keine* Animation einsetzen? Ein Beispiel: Angenommen, Sie wollten alle Fenster vom Desktop entfernen, die nicht zu der gegenwärtig aktiven Anwendung gehören. Zu diesem Zweck können Sie im Anwendungsmenü den Befehl ANDERE AUSBLENDEN auswählen. Dann verschwinden die zu anderen Anwendungen gehörigen Dokumente augenblicklich. Es gibt keine Animation auf dem Desktop (obwohl es eine Animation gibt, die diese Aktion im Dock begleitet). Die Hintergrund-Fenster zu animieren, mag cool aussehen, aber da der Benutzer an der aktiven Anwendung und nicht an den Hintergrund-Anwendungen interessiert ist, wäre eine solche Animation einfach eine kosmetische Maßnahme.

Die Entscheidung sollte immer davon abhängig gemacht werden, ob eine Animation den Benutzer unterstützt. Sie sollten eine Animation niemals deshalb einfügen, um mit Ihren Fähigkeiten anzugeben.

Mit dem `animator`-Proxy können Sie Ihre Views und Fenster animieren, ohne ein neues Framework oder etwas über Threads oder Locks lernen zu müssen. Der `animator`-Proxy wird im nächsten Abschnitt ausführlich beschrieben; doch im Moment ist es für Sie wichtig zu wissen, dass der Proxy für Ihren Code genauso aussieht wie das von ihm vertretene Objekt. Selbst müssen Sie nichts über die Details der Implementierung der Animation lernen. Ihre gesamte Funktionalität ist in dem `animator` eingekapselt. Und da Sie die Klassen `NSView` und `NSWindow` bereits kennen, können Sie die Animation einfach dadurch hinzufügen, dass Sie den `animator`-Proxy abrufen und ihn dann genauso benutzen wie das Fenster oder die View. Dann animiert der Proxy die Zustandsänderungen für Sie. So können Sie, wie später gezeigt wird, mit einer halben Codezeile verblüffend einfach viele anspruchsvolle Animationstechniken nutzen.

Sie können auf dieser Animation aufbauen und sie erheblich komplexer ausgestalten. Doch zunächst soll ausführlich gezeigt werden, was hinter dieser wirklich einfachen halben Codezeile passiert, die Sie zu dem Beispiel hinzugefügt haben, um das Bild über den Bildschirm gleiten zu lassen. Insbesondere wird gezeigt, wie der Proxy die Animationsobjekte sucht und aufruft, die es derartig leicht machen, eine Animation zu einer Anwendung hinzuzufügen.

2.3 Animation und der Animator-Proxy

Sie wissen jetzt, dass die Animation von Cocoa-Klassen von einem Proxy-Objekt ausgeführt wird, das mit der `animator`-Methode abgerufen wird. In diesem Abschnitt werden Aufbau und Arbeitsweise dieses Proxys beschrieben. Insbesondere wird gezeigt, wie der `animator` die auszuführenden Animationen findet. Außerdem wird gezeigt, wie Standardanimationen für anwendungsspezifische Properties von `NSView`-Unterklassen eingerichtet werden.

Der `animator`-Proxy gehört zu einem neuen Protokoll namens `NSAnimatable-PropertyContainer`, das mit Leopard als Teil von AppKit eingeführt wurde. (Gegenwärtig erfüllen nur `NSWindow` und `NSView` dieses Protokoll.) Mit diesem Protokoll können Sie Änderungen der Properties von Objekten animieren, anstatt sie augenblicklich auszuführen. Zu diesem Zweck rufen Sie den Proxy mit der `animator`-Methode ab und senden ihm eine Nachricht, die dem gewünschten Animationsverhalten entspricht, etwa der weiter vorne verwendeten Animation. Im Moment verwenden wir nur diese Methode; der Rest des Protokolls wird später ausführlich bei der Erstellung anwendungsspezifischer Animationen behandelt.

2.3.1 Animationen finden

Der `animator`-Proxy erstellt, konfiguriert und startet die Animationen, wenn eine Property geändert wird, die animiert werden kann. Wenn eine `set`-Methode des Proxys aufgerufen wird (wie etwa `setFrame:` in dem früheren Beispiel), sucht der `animator` nach dem aufzurufenden Animationsobjekt. Abbildung 2.2 zeigt den grundlegenden Nachrichtenfluss des `animator`-Proxys. Zuerst ruft er die `animationForKey:`-Methode mit dem Key (Schlüssel; Property) auf, der geändert werden soll (im obigen Beispiel wäre dies `frame`). Die Methode `animationForKey:` prüft zunächst das `animations`-Dictionary des Empfängers. Wird eine Animation gefunden, wird sie zurückgegeben. (Später in Kapitel 3, *Animationsarten*, werden Sie dieses Dictionary durch anwendungsspezifische Animationen erweitern.) Wird keine Animation gefunden, wird die Klassenmethode `defaultAnimationForKey:` aufgerufen und diese Animation zurückgegeben. Der Proxy ruft dann die Animation auf, die ihrerseits die Änderung der Property animiert.

Gibt `animationForKey:` den Wert `nil` zurück, wird die Änderung der Property nicht animiert, sondern der Wert einfach an das vertretene Objekt weitergereicht.

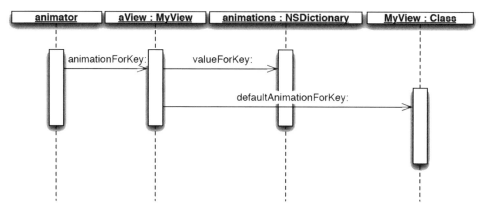

Abb. 2.2:   Die aufzurufende Animation suchen

Die Standardanimation ist eine `CABasicAnimation`, die eine einfache lineare Interpolation zwischen dem `fromValue` und dem `toValue` durchführt. Standardmäßig werden der gegenwärtige Wert der zu ändernden Property als `fromValue` und der neue Wert als `toValue` der Animation verwendet. Der `animator` übergibt dann die Verantwortung an eine Instanz von `CAAnimation`, um die Werte zwischen dem `fromValue` und dem `toValue` zu interpolieren und diese Änderungen zu animieren. Näheres über die Arbeitsweise von Animationen und die anderen Optionen erfahren Sie in Kapitel 3, *Animationsarten*.

Sie sollten sich merken, dass der `animator`-Proxy einfach eine Animation sucht und dann aufruft. Bei der späteren Beschreibung der Animationsobjekte sollten Sie sich an den Prozess erinnern, wie der `animator` die Animationen findet. Sie werden später diesen Prozess nutzen, um Views und Fenster mit eigenen Animationen und anwendungsspezifischen Animationseffekten zu verbinden.

2.4   Animation und Interpolation

Das gefundene Animationsobjekt wird benutzt, um die zu ändernde Property zu animieren. Die Animation *interpoliert* die Werte zwischen `fromValue` und `toValue`. Standardmäßig ist `fromValue` der gegenwärtige Wert der Property und `toValue` der neue Wert, der an die `set`-Methode übergeben wurde. Die Standardinterpolation besteht aus einer geraden Linie, die zum Zeitpunkt null und dem Wert `fromValue` beginnt und am Endzeitpunkt und dem Wert `toValue` endet. Hier sollten Sie sich merken, dass Core Animation nicht framebasiert, sondern zeitbasiert arbeitet. Das hat folgende Konsequenzen: Selbst wenn bei der Interpolation ermittelt wird, dass dreißig Frames angezeigt werden müssen, um eine Property von einem Wert in einen anderen zu ändern, werden nur fünfzehn Frames angezeigt, wenn die Hardware in der zugewiesenen Zeitspanne nicht mehr anzeigen kann. Core Animation ist natürlich klug genug, um die Animation immer noch so flüssig wie möglich darzustellen. Deshalb werden nicht ganze Gruppen von Frames an den Enden der Animation, sondern einzelne zwischenliegende Frames ausgelassen.

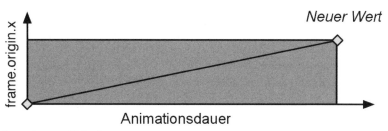

Abb. 2.3:   Timeline für eine einfache Animationsinterpolation

Wenn, wie im obigen Beispiel, die `setFrame:`-Methode eines `animator`-Proxys einer View aufgerufen wird, benutzt die Standardanimation den vorhandenen Wert als `fromValue` (»Vorhandener Wert« in Abbildung 2.3). Der an die `set-Frame:`-Methode übergebene Wert wird als `toValue` verwendet (»Neuer Wert« in Abbildung 2.3). Die Dauer der Standardanimation beträgt 0,25 Sekunden. In dem obigen Beispiel liegt der erste Punkt also bei 0 Sekunden und dem vorhandenen `frame`-Wert; und der Endpunkt liegt bei 0,25 Sekunden und dem neuen `frame`-Wert.

Das Animationsobjekt ist für die Interpolation der Zwischenwerte von `fromValue` und `toValue` sowie die Anpassung der Animation an die gesetzte Zeitspanne verantwortlich. Eine typische Refresh-Rate beträgt 60 Frames pro Sekunde. Um eine View in der Standarddauer von 0,25 Sekunden entlang der X-Achse von Punkt 1 nach Punkt 2 zu verschieben, werden deshalb 0,25 * 60 = 15 Positionen benötigt. Verwenden Sie, um die Berechnung zu vereinfachen, die beiden X-Werte 0 und 10. Sie müssen jetzt die X-Werte und die Zwischenzeiten für alle dreizehn Positionen zwischen dem ersten Punkt und dem zweiten Punkt zwischen 0,0 Sekunden und 0,25 Sekunden berechnen, da wir ja die `from`-Anfangsposition (X = 0; 0,0 Sekunden) und die `to`-Endposition (X = 10; 0,25 Sekunden) bereits kennen.

Das Zeitintervall von Punkt zu Punkt erhalten Sie durch: 0,25 / 15 = 0,016667. Für die Berechnung der X-Werte der Frames benötigen Sie noch die Steigung der Linie. Da die Linie eine Gerade ist und durch den Ursprung verläuft, dividieren Sie einfach 10 (End-X-Wert) durch 0,25 (End-Zeitwert) und erhalten 40.

Wenn Sie jetzt die Zeitpunkte mit 40 multiplizieren, erhalten Sie die zugehörigen X-Werte. Die Formel lautet: *X = Startzeitpunkt + 40 * Zeitpunkt*. Da der Startzeitpunkt = 0 ist, lautet die Formel verkürzt auch: *X = 40 * Zeitpunkt*. (Der Zeitpunkt in der Horizontalen ist die unabhängige Variable, der X-Wert in der Vertikalen die abhängige Variable. Sie dürfen dies nicht mit dem normalen X-Y-Koordinatensystem verwechseln, wo X die unabhängige und Y die abhängige Variable ist.) Die Berechnung ergibt die Punkte (t = Zeitpunkt): (t = 0, x = 0), (t = 0,01667, x = 0,66668), (t = 0,03334, x = 1.33334) ... bis (t = 0,25, x = 10,0). Damit kennen Sie die Werte von t und x für alle Frames der Animation.

Die Berechnung der interpolierten Werte kann recht mühsam werden. Glücklicherweise wird diese Arbeit von den Animationsobjekten erledigt. Sie müssen sich nur merken, was genau an dieser Stelle für Sie getan wird. Oft hilft mir die Kenntnis solcher Details, einen Bug in meinem Code oder eine Lücke in meinem Wissen zu finden und zu verstehen, warum ein nicht erwartetes Verhalten eingetreten ist.

Die Interpolation ist nicht auf gerade Linien beschränkt. Eine Gerade repräsentiert eine gleichförmige Bewegung vom Anfang bis zum Ende. Für Animationen stehen Ihnen auch mehrere andere Arten von Linien zur Verfügung, die ausführlich im nächsten Kapitel, *Animationsarten*, beschrieben werden.

Unabhängig vom gewählten Kurventyp kann das Animationsobjekt die entsprechenden Zwischenwerte korrekt interpolieren. Bei den Werten kann es sich um einfache Typen wie etwa `oat` oder `double` oder komplexere Typen wie etwa `NSPoint`, `NSSize` oder `NSRect` handeln. Der `animator` ist intelligent genug, um je nach Typ die passende Animation zwischen verschiedenen Werten der Attribute einer View auszuwählen. Dies wurde bereits in dem ersten Beispiel demonstriert, in dem das Bild in dem Fenster verschoben wurde. Es wurde einfach ein neues Frame-Rechteck als Ziel bestimmt; und das Bild wurde per Animation an seine neue Position auf dem Bildschirm verschoben. Tatsächlich kann jede Property von einem dieser Typen (`double`, `oat`, `NSPoint`, `NSSize` oder `NSRect`) animiert werden.

Bei einigen Properties dieser Typen (zum Beispiel `alphaValue`) muss das Layer-Backing aktiviert sein, damit die Animation funktioniert. Näheres darüber finden Sie in Kapitel 5, *Layer-backed Views*.

In diesem Kapitel wurden die Grundlagen der Cocoa-Animation beschrieben und die Arbeitsweise des `animator`-Proxys demonstriert. Allein mit diesem Wissen können Sie bereits einige recht interessante Verhaltensweisen in den Benutzerschnittstellen erzeugen. Aber Sie haben erst die Anfänge des Möglichen kennen gelernt; das Großartige liegt noch vor Ihnen.

Im folgenden Kapitel 3, *Animationsarten*, werden die verschiedenen Animationsarten behandelt, die in Core Animation zur Verfügung stehen. Sie werden lernen, ihr Verhalten an Ihre Anforderungen anzupassen und dabei in einem Beispiel eine Ease-In-Kurve zu einer Animation hinzufügen.

Kapitel 3

Animationsarten

Das Ziel, ob erreicht oder nicht, gibt dem Leben Größe: Versuche Shakespeare zu sein und überlasse den Rest dem Schicksal!

Robert Browning

Im vorhergehenden Kapitel wurde gezeigt, wie leicht Sie eine Standardanimation zu Ihren Anwendungen hinzufügen können. Selbst diese Animationsart sieht gut aus; aber Sie haben nur wenig Kontrolle darüber. Sie können nur einen neuen Wert setzen und beobachten, was passiert. In diesem Kapitel werden die Abläufe im Hintergrund beschrieben, damit Sie genau die Art von Animation realisieren können, die Sie sich vorstellen.

Bis jetzt haben Sie nur die AppKit-APIs verwendet. In diesem Kapitel werden Sie die ersten Animationsklassen aus Core Animation in Ihre Anwendung einbauen. Die Animationsklassen sind eng in AppKit integriert. Deshalb können Sie einen großen Teil von Core Animation nutzen, ohne die Details des gesamten Frameworks zu lernen. Mit den Animationsklassen können Sie die Effekte und das Verhalten der Animation auf dem Bildschirm in hohem Maße kontrollieren.

3.1 Einfache Animation

Das Beispiel aus Abschnitt 2.3.1, *Animationen finden*, zeigt die CABasicAnimation-Klasse in Aktion. Diese einfache Animation sorgt für die flüssige Bewegung des Bildes von der linken auf die rechte Seite des Bildschirms. Die einfache Animation ist genau das, was ihr Name aussagt: einfach. Sie können sie für viele einfache Aufgaben einsetzen, über die Sie nicht lange nachdenken wollen. Wenn Sie einfach eine View von einer Seite des Bildschirms auf die andere verschieben oder skalieren wollen (was ebenfalls in dem vorhergehenden Beispiel gezeigt wurde), können Sie alles den Standardeinstellungen der einfachen Animation überlassen.

Bei vielen Dingen ist diese Art der Animation ausreichend und angemessen, da jede Property über vernünftige Standardeinstellungen verfügt. Doch leider erzeugt dies nicht immer den gewünschten Effekt. Andere Animationsarten verfügen über fortgeschrittenere Fähigkeiten, mit denen Sie das Aussehen und die Funktionalität Ihrer Benutzerschnittstellen erheblich verbessern können. Diese Animationsarten sind Thema dieses Kapitels.

3.2 Keyframe-Animationen

Wollen Sie ein animiertes Element genau zum gewünschten Zeitpunkt an die gewünschte Position bringen, reicht eine einfache Animation nicht aus. Für diesen Zweck benötigen Sie eine so genannte *Keyframe-Animation*. Damit können Sie genau festlegen, welchen Wert eine animierte Property zu welchem Zeitpunkt annehmen soll.

Der Terminus *Keyframe* (dt. *Schlüsselbild*) stammt aus der Welt des Films, genauer aus der Produktion von Animationsfilmen und bewegten Grafiken sowie aus der Videokompression. Er sollte nicht mit dem *Key*-Begriff der Key-Value-Codierung verwechselt werden. Wenn Sie die Apple-Suite *Final Cut Studio* kennen, die *Motion* und *Final Cut Pro* umfasst, haben Sie wahrscheinlich schon mit Keyframes gearbeitet. Ein *Keyframe* ist im Wesentlichen ein Referenzpunkt, in dessen Umgebung andere Elemente interpoliert werden. Der Keyframe spezifiziert einen genau definierten Punkt in der Animation, der nicht von einer Interpolationsfunktion abhängt. In einem Programm wie *Motion* wird ein Keyframe durch eine Position und einen Zeitpunkt definiert. *Motion* interpoliert dann die Sequenz »davor« und »danach«. Werden mehrere Keyframes definiert, interpoliert *Motion* die jeweiligen Intervalle und sorgt dafür, dass die so genannten *Interframes*, auch die »Zwischenframes«, zum richtigen Zeitpunkt an der richtigen Position stehen. In Core Animation passiert im Wesentlichen dasselbe; Sie spezifizieren einen Wert zu einem Zeitpunkt (auch einen Keyframe); und Core Animation interpoliert die Zwischenwerte (auch die Interframes).

Angenommen, Sie wollten bei einer Animation die `opacity`-Property (Undurchsichtigkeit, Opazität) eines Bildes von null auf 75 Prozent verringern und dann umgekehrt wieder auf null verstärken (anders ausgedrückt: Das Bild wird ausgeblendet und dann wieder eingeblendet). Außerdem sollte die `opacity`-Property null bleiben, bis 25 Prozent der gesamten Zeit verstrichen sind, und wieder auf null zurück sein, wenn 75 Prozent der gesamten Zeit verstrichen sind. Dies können Sie nur mit einer Keyframe-Animation realisieren.

Abbildung 3.1 zeigt den Verlauf der Zeitlinie. Die horizontale `time`-Achse ist die Zeitdauer und die vertikale `opacity`-Achse der Wert der `opacity`-Property. Die erste Raute markiert den Zeitpunkt, an dem die Ausblendung des Bildes beginnt. Bis zur zweiten Raute wird das Bild flüssig immer stärker ausgeblendet. Ab dort wird das Bild wieder stärker eingeblendet, bis die Animation an der dritten Raute beendet ist und das Bild wieder seinen ursprünglichen Zustand erreicht hat.

Keyframes werden durch ein Array von Werten spezifiziert. Jeder Keyframe in der Animation entspricht einem Element des Arrays. So repräsentiert etwa jede Raute in Abbildung 3.1 einen Keyframe mit einem `opacity`-Wert: 0,0; 0,75; 0,0.

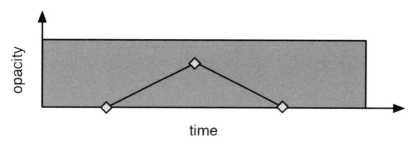

Abb. 3.1:   Keyframe-Beispiel für den opacity-Wert

Ein weiterer wichtiger Aspekt von Keyframe-Animationen ist der Begriff der *normalisierten Zeit.* Die Gesamtdauer der Keyframe-Animation wird in Sekunden angegeben, aber die Anfangs- und Endpunkte von Keyframes werden als Prozentwerte der Gesamtdauer spezifiziert. Der Anfangszeitpunkt einer Animation ist 0 und der Endzeitpunkt ist 1. Deshalb können die Zeitpunkte auch als Prozent der Fertigstellung aufgefasst werden. Anders ausgedrückt: 0,5 entspricht der Hälfte der Gesamtdauer der Animation, egal wie lange sie wirklich läuft.

Zurück zur Änderung des opacity-Wertes in Abbildung 3.1: Das Keyframe-Array spezifiziert die opacity-Werte 0,0, 0,75, und 0,0 sowie die time-Werte 0,25, 0,50 und 0,75.

Am Anfang der Animation beträgt der Alpha-Wert 0,0. Er bleibt null, bis die Animation den 25%-Punkt ihrer Dauer erreicht. Zwischen dem 25%-Punkt und dem 50%-Punkt der Dauer nimmt der opacity-Wert flüssig zu. Am 50%-Punkt, auch der halben Gesamtdauer, beträgt er 75 Prozent. Bis zum 75%-Punkt nimmt der Wert wieder bis auf 0 Prozent ab. Dort bleibt er während der restlichen 25 Prozent der Dauer.

Keyframes in Keynote

Eine der neuen Funktionen in Keynote 4 (für iWork '08) ist die Animation von Objekten entlang eines Pfades. Eine Demo bei der Einführung der neuen Version zeigt ein Flugzeug, das sich entlang einer gekrümmten Bézierkurve bewegt. Die CAKeyframeAnimation-Klasse soll Ihnen die Möglichkeit geben, derartige Animationen in Ihre Anwendungen einzubauen.

Der Code für diese Keyframe-Animation sieht folgendermaßen aus:

```
- (CAKeyframeAnimation *)opacityAnimation {
    CAKeyframeAnimation *animation = [CAKeyframeAnimation animation];
```

```
animation.values = [NSArray arrayWithObjects:
                    [NSNumber numberWithFloat:0.0],
                    [NSNumber numberWithFloat:0.75],
                    [NSNumber numberWithFloat:0.0], nil];
animation.keyTimes = [NSArray arrayWithObjects:
                      [NSNumber numberWithFloat:0.25],
                      [NSNumber numberWithFloat:0.50],
                      [NSNumber numberWithFloat:0.75], nil];
return animation;
}
```

Sie können die Komplexität etwas reduzieren und dennoch einen großen Teil der Kontrolle behalten, wenn Sie das Timing der Keyframe-Animation überlassen. Wenn Sie keine Zeitwerte setzen, verteilt die Keyframe-Animation die Werte einfach gleichmäßig über die gesamte Dauer. Wenn Sie drei Werte angeben, ist der erste Wert der Ausgangswert, der zweite Wert liegt bei 50 Prozent der Gesamtdauer und der dritte Wert bei 100 Prozent, auch beim Endwert.

3.2.1   Keyframes und Pfade

Bei Animationen können Sie nicht nur die *Key-Werte* eines Animations-Keyframes setzen, sondern auch zweiwertige Properties wie etwa die Position eines Layers (Eine Position hat einen X- und einen Y-Wert!) mit Pfaden animieren. Angenommen, Sie wollten ein Bild entlang eines nichtlinearen Pfades verschieben. Dann müssen Sie nur einen Pfad erstellen, der die gewünschten Positionen genau spezifiziert, und ihn an die Animation übergeben. Dann interpoliert die Animation die Zwischenwerte anhand des Pfades.Die Pfadtechnik funktioniert nur bei zweiwertigen Properties. Im Grunde handelt es sich um alle Properties vom Typ NSPoint oder NSSize. Die Animation interpretiert die X-Werte des Pfades als X-Position bzw. als Breite und den Y-Wert als Y-Position bzw. als Höhe. Das nächste Beispiel demonstriert diese Technik.

Das Beispiel enthält eine Keyframe-Animation, die eine View mit dieser Technik auf dem Bildschirm verschiebt. Die frameOrigin-Property des Bildes wird mit einer Instanz von CGPath animiert. Abbildung 3.2 zeigt den Animationspfad. Das Bild wird entlang des Pfades auf dem Bildschirm verschoben. Der herzförmige, für das Keyframing verwendete Pfad wird ebenfalls im Hintergrund dargestellt, um zu zeigen, wo das Bild steht und wo es hin soll.

Hier ist der Code:

Download AnimationTypes/KeyFrameMoveAView/KeyFrameView.m
```
- (void)addBounceAnimation {
  [mover setAnimations:[NSDictionary dictionaryWithObjectsAndKeys:
                  self.originAnimation, @"frameOrigin", nil]];
}
```

```
- (id)initWithFrame:(NSRect)frame {
  self = [super initWithFrame:frame];
  if (self) {
    // inset by 3/8's
    CGFloat xInset = 3.0f * (NSWidth(frame) / 8.0f);
    CGFloat yInset = 3.0f * (NSHeight(frame) / 8.0f);
    NSRect moverFrame = NSInsetRect(frame, xInset, yInset);
    mover = [[NSImageView alloc] initWithFrame:moverFrame];
    [mover setImageScaling:NSScaleToFit];
    [mover setImage:[NSImage imageNamed:@"photo.jpg"]];
    [self addSubview:mover];
    [self addBounceAnimation];                          // A
  }
  return self;
}
```

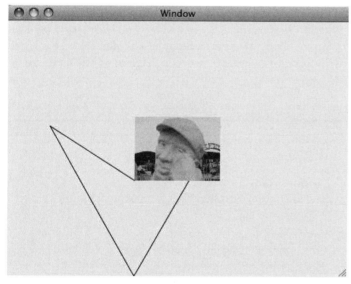

Abb. 3.2:   Keyframe-Bewegung

In der initWithFrame-Methode wird zunächst die mover-View (die NSImageView, die das Bild enthält) in dem Fenster zentriert; dann wird die Animation zu der View hinzugefügt (A). Aus Abschnitt 2.3.1, *Animationen finden*, wissen Sie: Wenn eine Animation zu dem animations-Dictionary hinzugefügt wird, wird die anwendungsspezifische Animation in den Suchpfad eingefügt. Dann wird natürlich diese Animation anstelle der Standardanimation verwendet. Der folgende Code zeigt, wie die Animation erstellt wird:

Download AnimationTypes/KeyFrameMoveAView/KeyFrameView.m

```
- (CAKeyframeAnimation *)originAnimation {
  CAKeyframeAnimation *originAnimation =
      [CAKeyframeAnimation animation];
  originAnimation.path = self.heartPath;                  // A
  originAnimation.duration = 2.0f;
  originAnimation.calculationMode = kCAAnimationPaced;     // B
  return originAnimation;
}
```

Zwei Aspekte dieses Codes sind wichtig: Erstens wird der Pfad zu der Animation gesetzt (A). Sie erinnern sich, dass die Animation die X- und Y-Werte dieses Pfades als X- und Y-Werte des `frameOrigin` der zu verschiebenden View verwendet. Zweitens wird die `calculationMode`-Property der Animation auf den Wert `kCAAnimationPaced` gesetzt (B). Dieser Wert sorgt dafür, dass die Animation die Zeitabstände gleichmäßig auf den gesamten Pfad verteilt. Standardmäßig verteilt eine Keyframe-Animation die Zeit gleichmäßig auf die Pfadfragmente, wodurch allen Pfadfragmenten dieselbe Zeitspanne zugewiesen wird, um die View zu verschieben. Dies bedeutet: Bei langen Pfadfragmenten wird die View schnell und bei kurzen Segmenten langsam verschoben. In diesem Beispiel soll das Bild jedoch mit einer konstanten Geschwindigkeit verschoben werden. Der folgende Code zeigt, wie der Pfad erstellt wird:

Download AnimationTypes/KeyFrameMoveAView/KeyFrameView.m

```
- (CGPathRef)heartPath {
  NSRect frame = [mover frame];
  if(heartPath == NULL) {
    heartPath = CGPathCreateMutable();
    CGPathMoveToPoint(heartPath, NULL, NSMinX(frame), NSMinY(frame));
    CGPathAddLineToPoint(heartPath, NULL,
                NSMinX(frame) - NSWidth(frame),
                NSMinY(frame) + NSHeight(frame) * 0.85);
    CGPathAddLineToPoint(heartPath, NULL, NSMinX(frame),
                NSMinY(frame) - NSHeight(frame) * 1.5);
    CGPathAddLineToPoint(heartPath, NULL,
                NSMinX(frame) + NSWidth(frame),
                NSMinY(frame) + NSHeight(frame) * 0.85);
    CGPathAddLineToPoint(heartPath, NULL, NSMinX(frame),
                NSMinY(frame));
    CGPathCloseSubpath(heartPath);
  }
  return heartPath;
}
```

Dieser Code ist sehr typisch für die Erstellung eines Quartz-Pfades. Näheres können Sie in [GL06] erfahren. Der folgende Code zeigt die Animation:

```
Download AnimationTypes/KeyFrameMoveAView/KeyFrameView.m
- (void)bounce {
  NSRect rect = [mover frame];
  [[mover animator] setFrameOrigin:rect.origin];
}
```

Auch dieser Code ist recht einfach. Es wird nur die setFrameOrigin:-Methode der zu verschiebenden View aufgerufen. Die Animation kümmert sich um den Rest. Die bounce-Methode wird von keyDown: aus aufgerufen, wenn eine beliebige Taste gedrückt wird. Zur Erinnerung: Da Sie mit dem Key frameOrigin eine Animation zu dem animations-Dictionary hinzugefügt haben, findet der animator sie bei seiner Suche und verwendet sie anstelle der Standardanimation. Beachten Sie auch, dass der Frame-Origin auf seinen gegenwärtigen Wert gesetzt wird. Da die Animation zu ihrem Ausgangspunkt zurückkehren soll, ist dies zu erwarten. Soll die View entlang eines Pfades zu einer anderen Position animiert werden, würde hier die neue Position gesetzt werden. Doch Sie müssen darauf achten, dass der Endpunkt des Pfades mit dem hier gesetzten Zielpunkt übereinstimmt; andernfalls ruckelt die Animation. Näheres darüber finden Sie später in Abschnitt 3.5, *Anwendungsspezifische Animation und Interpolation*.

Das Beispiel zeigt, dass Sie Animationen von Properties mit Keyframe-Animationen sehr feinkörnig kontrollieren können. Sie können so viele Zwischenpunkte spezifizieren, wie Sie zur Erzielung des gewünschten Effekts benötigen. Außerdem können Sie die Zeitdauer der Animation auf jedem Pfadsegment genau kontrollieren.

3.3 Animationen gruppieren

Animationen können gruppiert und dann durch die Änderung eines einzigen Attributs angestoßen werden. Beispielsweise könnten Sie ein Alpha-Fade (Abblendung), eine Frame-Bewegung und eine Größenänderung zu einer Gruppe zusammenfassen. Dann könnten Sie die Gruppenanimation zu der View hinzufügen, damit sie angestoßen wird, wenn der Frame-Origin gesetzt wird.

Bei Gruppen müssen Sie für jede beteiligte Animation einen keyPath definieren. Dann wird die Gruppe (nicht die einzelnen Animationsobjekte) zu dem animations-Dictionary hinzugefügt, wo sie gefunden und ausgeführt wird (siehe Abschnitt 2.3.1, *Animationen finden*). Die beteiligten Teilanimationen werden jedoch nicht mit einem speziellen Key verbunden (da sie sich in der Gruppe befinden und nicht zum animations-Dictionary gehören) und deshalb auch nicht separat ausgeführt. Deshalb müssen Sie ihre keyPaths setzen. Sie können dafür bei der Erstellung der Animation animationWithKeyPath: verwenden oder nach der Erstellung die keyPath-Property setzen. Keine Sorge, wenn Ihnen dies im Moment noch nicht ganz klar sein sollte; das Beispiel wird Ihnen zeigen, wie dies eingerichtet wird.

Die mit einer Animation verbundenen Keys haben noch einen anderen interessanten Aspekt: Sie müssen nicht einem Key der animierten View zugeordnet sein. Die Animation ist mit einem keyPath verbunden. Deshalb kann die Animation alles beeinflussen, was von der View aus per keyPath erreichbar ist. Üblicherweise wird ein einfacher Key (frameOrigin, frameSize usw.) verwendet; doch später in Kapitel 7, *Core Animation*, wird der keyPath auch verwendet, um die Properties eines Filters zu animieren.

Alle bisher behandelten Animationen können in Gruppen eingefügt werden. Die möglichen Kombinationen sind fast endlos. Sie können sogar eine Gruppe in eine andere Gruppe einfügen und so zahlreiche Animationen gleichzeitig ausführen. Natürlich müssen Sie Ihre Vorstellungskraft im Zaum halten und darauf achten, dass die Animation nützlich und nicht nur eine kosmetische Maßnahme ist.

Das folgende Beispiel zeigt eine Verschachtelung von Animationen in einer Gruppe, in der ein Bild gedreht und vergrößert wird. Die Animation beginnt in der Mitte des Bildschirms, wächst und dreht sich und kehrt dann zu ihrer ursprünglichen Position zurück.

Kosmetische Aspekte und Animationen

Obwohl kosmetische Maßnahmen ganz hübsch sein können, wirkt ein Effekt, der dem Benutzer keinen echten Vorteil bietet, mit der Zeit irritierend. Deshalb sollten Sie, wenn Sie etwas in Ihrer Anwendung animieren wollen, darauf achten, dass Sie damit ein echtes Bedürfnis des Anwenders befriedigen. Kosmetische Aspekte, die ein Bedürfnis befriedigen, werden gerne vorgeführt; kosmetische Aspekte, die nur um ihrer selbst willen eingebaut werden, werden im Laufe der Zeit ignoriert oder abgeschaltet.

Abbildung 3.3 zeigt das »Vorher-Frame« und das »Nachher-Frame« der Animation.

Nun zum Code dieser Gruppenanimation: Hier ist der Code der initWithFrame:-Methode:

Download AnimationTypes/GroupAnimation/GroupAnimationView.m

```
- (id)initWithFrame:(NSRect)frame {
  self = [super initWithFrame:frame];
  if (self) {
```

```
    // inset by 3/8's
    CGFloat xInset = 3.0f * (NSWidth(frame) / 8.0f);
    CGFloat yInset = 3.0f * (NSHeight(frame) / 8.0f);
    NSRect moverFrame = NSInsetRect(frame, xInset, yInset);
    moverFrame.origin.x = NSMidX([self bounds]) -
    (NSWidth(moverFrame) / 2.0f);
    moverFrame.origin.y = NSMidY([self bounds]) -
                            (NSHeight(moverFrame) / 2.0f);
    mover = [[NSImageView alloc] initWithFrame:moverFrame];
    [mover setImageScaling:NSScaleToFit];
    [mover setImage:[NSImage imageNamed:@"photo.jpg"]];
    NSDictionary *animations =
        [NSDictionary dictionaryWithObjectsAndKeys:
        [self groupAnimation:moverFrame], @"frameRotation", nil]; // A
    [mover setAnimations:animations];                             // B
    [self addSubview:mover];
    }
  return self;
}
```

Abb. 3.3:   Animationsframes gruppieren

Die initWithFrame:-Methode ähnelt den anderen initWithFrame:-Methoden aus den früheren Beispielen. Wie in den früheren Beispielen wird das animations-Dictionary für die View spezifiziert (B). Doch wird diesmal nicht eine einzelne Animation, sondern eine Gruppe hinzugefügt. (Die Erstellung der einzelnen Animation wird etwas später gezeigt.) Die Gruppe ist an den frameRotation-Key gebunden (A). Deshalb wird diese Gruppe anstelle der Standardanimation verwendet, wenn die `frameRotation`-Property geändert wird. Nun zu dem Code, mit dem die Teilanimationen erstellt werden:

```
Download AnimationTypes/GroupAnimation/GroupAnimationView.m
- (CAAnimation *)frameAnimation:(NSRect)aniFrame {              // A
    CAKeyframeAnimation *frameAnimation =
        [CAKeyframeAnimation animationWithKeyPath:@"frame"];
    NSRect start = aniFrame;
    NSRect end = NSInsetRect(aniFrame, -NSWidth(start) * 0.50,
                            -NSHeight(start) * 0.50);
    frameAnimation.values = [NSArray arrayWithObjects:
                            [NSValue valueWithRect:start],
                            [NSValue valueWithRect:end], nil];
    return frameAnimation;
}


- (CABasicAnimation *)rotationAnimation {                       // B
    CABasicAnimation *rotation =
        [CABasicAnimation animationWithKeyPath:@"frameRotation"];
    rotation.fromValue = [NSNumber numberWithFloat:0.0f];
    rotation.toValue = [NSNumber numberWithFloat:45.0f];
    return rotation;
}


- (CAAnimationGroup *)groupAnimation:(NSRect)frame {           // C
    CAAnimationGroup *group = [CAAnimationGroup animation];
    group.animations = [NSArray arrayWithObjects:              // D
                        [self frameAnimation:frame],
                        [self rotationAnimation], nil];
    group.duration = 1.0f;                                     // E
    group.autoreverses = YES;                                  // F
    return group;
}
```

Die `groupAnimation:`-Methode (C) erstellt und konfiguriert die Gruppe, so dass sie in das `animations`-Dictionary der `mover`-View eingefügt werden kann. Die beiden weiter vorne beschriebenen Animationen (Drehung und Größenänderung) werden in das `animations`-Array eingefügt (D). Die Dauer wird auf eine Sekunde gesetzt (E); dann wird die Animation in den Autoreverse-Modus gesetzt (F). Da die Dauer bereits früher behandelt wurde, möchte ich gleich die `autoreverses`-Property beschreiben. Der Wert YES dieser Property weist die Animation an, sich nach einem Ablauf umzukehren, damit die Properties wieder auf ihren Ausgangswert zurückgesetzt werden.

Die Gruppe ist für die Ausführung aller in ihr enthaltenen Animationen zuständig. Das gilt nicht für die Property, an die die Gruppenanimation selbst gebunden ist. Anders ausgedrückt: Da in dem Beispiel die Dauer und die autoreverses-Property für die Gruppe gesetzt werden, kontrolliert diese das Timing ihrer Elemente. Die Gruppeneinstellungen haben Vorrang vor den Einstellungen der Einzelanimationen. Wenn etwa die autoreverses-Property einer Teilanimation auf NO gesetzt wäre, würde diese Einstellung von der entsprechenden Einstellung der Gruppe überschrieben werden.

Ein weiterer wichtiger Aspekt bei Gruppenanimationen ist die Behandlung von Delegates. Der Delegate einer Animation wird nicht aufgerufen, wenn sie in einer Gruppe ausgeführt wird. Würden Sie beispielsweise einen Delegate für eine frame-Size-Animation verwenden, würde er nicht aufgerufen, da die Animation in einer Gruppe ausgeführt wird.

Die frameAnimation:-Methode (A) erstellt eine Keyframe-Animation und setzt den Anfangswert auf den vorhandenen Frame und den Endwert auf die anderthalbfache Größe. Da keine Zeitwerte (per keyTimes-Property) gesetzt werden, verwendet die Animation das Standard-Timing und verteilt die Änderung gleichmäßig auf die gesamte Animationsdauer.

Die frameRotation-Methode (B) erstellt die Drehanimation. Sie verwendet ein einfaches Animationsobjekt mit einem fromValue von 0 Grad und einem toValue von 45 Grad. Da die autoreverses-Property der Gruppe auf YES gesetzt wurde, erfolgt die Drehung von 0 bis 45 Grad und zurück bis 0 Grad.

Wann man gruppieren sollte

Sie sollten Animationen gruppieren, wenn Sie das Timing von zwei oder mehr Animationen kontrollieren wollen. Die Anzeige detaillierter Informationen über eine Auswahl wäre eine typische Benutzerinteraktion, die von einer solchen Animation profitieren könnte. Nachdem ein Benutzer ein Element einer Liste ausgewählt hat, schafft die Animation der Details einen Kontext. Wird dafür mehr als eine Animation benötigt, ist eine Gruppierung sinnvoll.

Betrachten Sie beispielsweise, wie *Front Row* Ihre Albumliste anzeigt. Wenn Sie durch die Liste scrollen, werden links die Album-Covers angezeigt. Bleiben Sie jedoch bei einem einzelnen Album stehen, schrumpft das leicht gedrehte Album-Cover, es verliert seine perspektivische Drehung, und die Details (Künstler, Genre usw.) werden in die Szene eingeblendet. Hier werden drei Animationen gruppiert: die Drehung, die Schrumpfung und die Texteinblendung. Ich weiß nicht, wie *Front Row* diese Funktionen implementiert (es stammt aus der Zeit vor Core Animation), aber Sie könnten dieses Verhalten mit einer Gruppe nachbilden, die diese drei Animationen enthält.

Hier ist schließlich noch der Code für das Event-Handling:

```
Download AnimationTypes/GroupAnimation/GroupAnimationView.m
- (BOOL)acceptsFirstResponder {
  return YES;
}
- (void)keyDown:(NSEvent *)event {
  [[mover animator] setFrameRotation:[mover frameRotation]];
}
```

In der `keyDown:`-Methode wird einfach die Änderung ausgeführt, indem der `animator` angewiesen wird, die `frameRotation:` auf den Anfangswert zu setzen, wenn der Benutzer eine beliebige Taste drückt. Vielleicht haben Sie bemerkt, dass das Ergebnis nicht Ihren Erwartungen entspricht, wenn Sie während der Animation die Taste erneut drücken oder gedrückt halten. Bei jedem neuen Key-Event wird die Animation abgebrochen und neu gestartet.

Gruppierte Animationen eignen sich hervorragend dazu, ausgefeilte Animationen zu Ihren Anwendungen hinzuzufügen. Sie können eine beliebige Anzahl von Animationen zu einer Gruppe zusammenfassen. Sie sollten sich jedoch sicher sein, dass der Benutzer sie immer wieder sehen möchte.

3.4 Übergänge animieren

Wenn Sie Subviews hinzufügen oder entfernen, können Sie ihr Erscheinen oder Verschwinden mit Übergängen animieren. Vielleicht betrachten Sie eine Cross-Fade (wechselseitige Überblendung) nicht als Animation, aber im Wesentlichen verringern Sie dabei die Transparenz eines Bildes, während Sie zugleich die Transparenz eines anderen Bildes an derselben Stelle vergrößern. Ein solcher Übergang wird durch die `CATransition`-Klasse ermöglicht. Übergänge liefern dem Benutzer ein nützliches Feedback. Er kann schnell erkennen, welche Elemente kommen und gehen.

Der Standardübergang ist der Cross-Fade-Übergang; daneben gibt es mehrere andere Übergänge. Sie können alle verfügbaren Übergänge von Core Image verwenden, müssen jedoch zu diesem Zweck das Layer-Backing aktivieren (was in dem Beispiel für Sie erledigt wird). Näheres über das Layer-Backing erfahren Sie in Kapitel 5, *Layer-backed Views*.

Die Übergänge werden mit einem weiteren einfachen Beispiel demonstriert, in dem zwei Image-Views ineinander übergehen, wenn Sie eine Taste drücken. Abbildung 3.4 zeigt ein Bild aus der Mitte des Übergangs von dem einen zu dem anderen Bild.

Abb. 3.4:   Übergangsanimation

Hier ist der zugehörige Code:

```
Download AnimationTypes/Transition/TransitionView.m
- (void)keyDown:(NSEvent *)event {
  if(nil != [self.beach superview]) {
    [[self animator] replaceSubview:self.beach with:self.snow];
  } else if(nil != [self.snow superview]) {
    [[self animator] replaceSubview:self.snow with:self.beach];
  }
}
```

Sie müssen nur den `animator` aufrufen und anweisen, eine Subview durch eine andere zu ersetzen, um einen hübschen Cross-Fade-Übergang zu erzeugen. Es ist erstaunlich einfach.

Allerdings gibt es hier einen Trick. Wie bereits erwähnt wurde, muss das Layer-Backing aktiviert sein, damit die Übergänge korrekt funktionieren. Doch die entsprechende Einstellung wurde für Sie in der NIB-Datei erledigt, um Ihnen die Arbeit abzunehmen.

Standardmäßig wählt die Animation den Cross-Fade-Übergang aus, der in diesem Beispiel gezeigt wird. Wenn Sie eine `CATransition`-Animation mit dem `sub-views`-Key zum `animations`-Dictionary von `mover` hinzufügen, können Sie eine beliebige andere eingebaute Animation auswählen. Hier ist der Code, mit dem der Move-In-Übergang ausgewählt wird, der das neue Bild von oben einblendet:

```
- (CATransition *)animation {
  CATransition *trans = [CATransition animation];
  trans.type = kCATransitionMoveIn;
  trans.subtype = kCATransitionFromTop;
  return trans;
}
```

Sie müssen diesen Übergang einfach mit `self.animations = [NSDictionary dictionaryWithObject:[self animation] forKey:@"subviews"];` zu dem `animations`-Dictionary der View hinzufügen, um den neuen Übergang zu erhalten.

Hilfreiche Übergänge

Übergänge liefern dem Benutzer Hinweise über das Verhalten der Anwendung. Größere Zustands- oder Interaktionsmodusänderungen sind geeignete Gelegenheiten, Übergänge einzusetzen. Doch wie bei allen Animationen sollten die Bedürfnisse des Benutzers absolute Priorität haben. Geben Sie nicht mit Ihren Fähigkeiten an, Übergänge zu codieren. Denken Sie an die vielen überdrehten Übergänge, die Sie schon bei Vorträgen gesehen haben. Einige Vortragende glauben, es sei wichtig, alle nur denkbaren Übergänge zwischen den Folien ihrer Präsentationen zu verwenden. Auch wenn viele Übergänge wirklich verblüffend aussehen, lenken sie bald ab. Übergänge, die keine zusätzlichen Informationen vermitteln, wirken einfach irritierend.

Überlegen Sie beispielsweise, wie man den Übergang von Carbon nach Cocoa präsentieren könnte. Der erste Teil der Folien könnte Lösungen in Carbon zeigen. Dann kommt ein Konfetti-Übergang zu den Folien, die zeigen, wie ähnliche Aufgaben in Cocoa gelöst werden. Hier vermittelt der Übergang zusätzliche Informationen: Der Vortragende »sprengt« gewissermaßen die alte Methode in die Luft, um Platz für die neue zu schaffen. Dagegen würde ein Konfetti-Übergang zwischen allen Folien einfach nur unerfreulich wirken.

Dieselben Prinzipien gelten auch für Ihre Anwendungen. Sie könnten zwischen allen Seiten eines Dokuments einen Konfetti-Übergang einfügen; doch nach der ersten Überraschung wäre der Benutzer wahrscheinlich nur noch irritiert und würde die Übergänge abschalten (falls Sie dies vorgesehen haben). Betrachten Sie dagegen einen Cross-Fade-Übergang zwischen Seiten in einem Inspector, wenn sich die Auswahl ändert. Ein solcher Übergang würde dem Benutzer helfen, den Kontext zu bewahren. Derartige Übergänge wären auch in Ihren Anwendungen nützlich.

3.5   Anwendungsspezifische Animation und Interpolation

Wenn Sie die Properties einer View oder eines Fensters mit einem `animator` ändern, wird die Property entsprechend seiner Interpolationsfunktion geändert. Die Interpolation sorgt normalerweise für eine ansprechende flüssige Animation. Bei eigenen Animationen müssen Sie jedoch selbst darauf achten, dass der Anfangswert der Animation und der gegenwärtige Wert der View übereinstimmen. Ist dies nicht der Fall, »ruckelt« die Animation am Anfang oder Ende. Natürlich besteht die einfachste Methode, für einen flüssigen Ablauf zu sorgen, darin, `fromValue` oder `toValue` nicht selbst zu setzen, sondern die Animation anzuweisen, die Werte von der View abzurufen.

Die Animation geht (korrekterweise) davon aus, dass der Anfangsframe und der Endframe mit der gegenwärtigen Position und der endgültigen Position »versorgt« sind. Deshalb interpoliert sie für die Animation zwischen dem `fromValue` und dem `toValue` nicht zwischen dem gegenwärtigen Wert der Property und dem `fromValue` und bemüht sich auch nicht anderweitig darum, dass die Bewegung vom ersten zum zweiten Frame der Animation flüssig verläuft.

Nehmen Sie beispielsweise an, Sie wollten eine View von ihren ursprünglichen Koordinaten (25,0, 25,0) an die neuen Koordinaten (125,0, 125,0) verschieben. Für eine solche einfache Animation könnten Sie den `animator` direkt benutzen, doch zwecks Illustration erstellen Sie eine eigene `CABasicAnimation` und verwenden sie als Animation für den `frameOrigin`. Wenn Sie als `fromValue` der Animation einen anderen Wert (25,0, 25,0) wählen, ruckelt die Animation am Anfang. Natürlich machen Sie dies nicht absichtlich; aber dieser Fehler wird so oft begangen, dass es sich lohnt, beim Schreiben des Animationscodes daran zu denken. Sie müssen sorgfältig darauf achten, welche Anfangs- und Endwerte Sie für Ihre eigenen Animationen verwenden, um eine flüssige Animation zu gewährleisten.

Diese Überlegungen werden konkreter, wenn Sie noch einmal den »springenden« Schneemann aus dem Keyframe-Animationsbeispiel weiter vorne betrachten. Vielleicht haben Sie bemerkt, dass sich die Animation etwas seltsam verhält, wenn Sie während ihres Ablaufs eine Taste drücken. Statt wieder in der Mitte der View zu enden, wo es anfing, durchläuft das Bild den ganzen Pfad, springt dann aber an den Punkt zurück, an dem Sie die Taste gedrückt haben. Der »Anfangswert« der Position ist nicht mehr der erste Punkt des Pfades, sondern die Position des Bildes zu dem Zeitpunkt, an dem Sie die Taste gedrückt haben. In der `bounce`-Methode (weiter vorne im Unterabschnitt *Keyframes und Pfade*) wird `frameOrigin` auf den gegenwärtigen Wert gesetzt. Da an die `frameOrigin`-Property eine Animation gebunden ist, wird diese ausgelöst. Doch diese Animation beginnt im Mittelpunkt der View (der Anfangsposition der View); deshalb ruckelt die Animation am Anfang und am Ende. Sie sollten einige Zeit mit diesem Code herumexperimentieren, um das Problem konkreter zu erfassen.

In diesem Kapitel wurden verschiedene Animationsarten behandelt, mit denen Sie Ihre Benutzerschnittstellen animieren können. Das Thema umfasst noch andere Aspekte, die später in Kapitel 7, *Core Animation*, behandelt werden. Im Moment sollten Sie sich merken, dass Sie zahlreiche Optionen haben, um Elemente von Benutzerschnittstellen zu animieren. Jetzt kennen Sie die möglichen Animationsarten und können überlegen, wie Sie das Timing der Animationen steuern können.

Kapitel 4

Animations-Timing

Computer sind unglaublich schnell, genau und dumm. Menschen sind unglaublich langsam, ungenau und brillant. Zusammen entfalten sie eine Macht, die jede Vorstellungskraft übersteigt.

Albert Einstein

In Kapitel 3, *Animationsarten*, haben Sie erfahren, welche Animationsarten Sie verwenden können. Die verschiedenen Animationsarten eröffnen Ihnen neue Optionen, Objekte zu animieren und Animationen zu kontrollieren. In diesem Kapitel lernen Sie, wie Sie das Timing von Animationen durch Manipulation der Timing-Kurve ändern können, die von Animationen verwendet wird. Damit können Sie das Verhalten von Anwendungen beeinflussen. So können Sie etwa eine Bewegungsanimation mit einer Ease-In-Animationskurve realistischer gestalten. Sie erfahren auch, wie Sie die Dauer einer Animation ändern und eine Animation an eine andere anschließen können. Die wahrgenommene Geschwindigkeit einer Animation gibt dem Benutzer subtile Hinweise, die ihm helfen, das Verhalten der Anwendung besser zu verstehen.

4.1 Animations-Timing-Kurven

Timing-Funktionen werden durch die abstrakte Klasse `CAMediaTimingFunction` definiert. Die Klasse enthält vier eingebaute Timing-Funktionen und ermöglicht es Ihnen, eigene anwendungsspezifische Timing-Funktionen zu definieren. In diesem Abschnitt werden alle Optionen samt ihrer Anwendung und Auswirkung auf die Animationen beschrieben.

Sie haben gelernt, dass die Zeitwerte normalisiert sind, das heißt, dass sie auf eine Skala zwischen 0 und 1 bezogen werden. Normalisierte Zeit wird als Prozentsatz der Animationsdauer angegeben. Alle Animations-Timing-Kurven arbeiten mit normalisierter Zeit. Deshalb müssen Sie das Konzept der Normalisierung verstehen, wenn Sie die Funktionen manipulieren wollen.

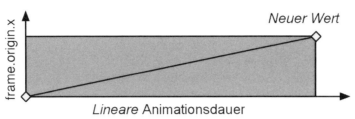

Vorhandener Wert

Abb. 4.1: Lineare Interpolations-Timeline einer Animation

4.1.1 Lineares Animations-Timing

Die lineare Animations-Timing-Funktion erstellt eine geradlinige Interpolation zwischen dem Ausgangspunkt (`fromValue`) und dem Endpunkt (`toValue`). Abbildung 4.1 zeigt die Animationskurve. Als Gerade hat sie eine konstante Steigung vom Anfangswert zum Endwert.

Aus Kapitel 2 wissen Sie, dass die Animations-Timing-Funktion die Werte zwischen dem Anfangs- und dem Endwert interpoliert. Der Fachausdruck der Animationstechnik dafür ist *Tweening*, eine Abkürzung für »in-betweening« (dt. etwa »Dazwischenschaltung«). Der Raum zwischen den beiden Endframes wird mit Interframes (»Zwischenframes«) aufgefüllt.

4.1.2 Ease-In-Animations-Timing

Bei einer Ease-In-Timing-Kurve beginnt die Animation langsam, wird über mehrere Frames hinweg schneller und geht dann schließlich in eine konstante, aber viel schnellere Bewegung als bei der linearen Kurve über (siehe Abbildung 4.2).

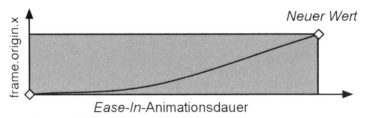

Vorhandener Wert

Abb. 4.2: Ease-In-Animations-Timeline

Beachten Sie den flacheren Anstieg der Kurve am Anfang der Animation. Zunächst ändern sich die Werte nur geringfügig. Im Laufe der Zeit erfolgt die Änderung jedoch immer schneller, bis sie irgendwann in eine konstante Änderung übergeht. Der Endwert ist derselbe wie bei der linearen Kurve, nur der Weg dorthin ist anders.

Die unterschiedliche Geschwindigkeit der Änderungen lässt sich optisch an der Steigung der Kurve ablesen. Je flacher die Kurve, also je geringer ihre Steigung ist, desto langsamer ändert die Animation die Darstellung, und umgekehrt, je steiler die Kurve ist, desto schneller erfolgt die Änderung.

Visuell liefert diese Animation Benutzern andere Hinweise als die lineare Kurve. Da die Änderung langsam beginnt, kann sich der Benutzer darauf einstellen, dass sich etwas ändert. Die schnellere Endphase betont die Änderung.

4.1.3 Ease-Out-Animations-Timing

Die Ease-Out-Timing-Funktion erzeugt die gegenteilige Wirkung der Ease-In-Funktion. Sie beginnt schnell und geht dann in eine langsamere konstante Phase über (siehe Abbildung 4.3).

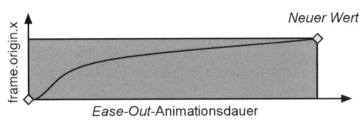

Abb. 4.3: Ease-Out-Animations-Timeline

Diese Animation liefert dem Benutzer natürlich andere Hinweise als die anderen Kurven. Da die Änderung schnell beginnt, zieht sie die Aufmerksamkeit eher auf die Anfangs- als auf die Endphase.

4.1.4 Ease-In-Ease-Out-Animations-Timing

Die Ease-In-Ease-Out-Timing-Funktion ist eine Kombination der Ease-In- und der Ease-Out-Timing-Funktion. Sie beginnt langsam, beschleunigt, bremst dann wieder ab und endet langsam (siehe Abbildung 4.4).

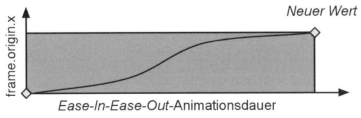

Abb. 4.4: Ease-In-Ease-Out-Animations-Timeline

Bei dieser Animation wird die mittlere Phase stärker betont als die Anfangs- und die Endphase.

4.1.5 Anwendungsspezifisches Animations-Timing

Die anwendungsspezifische Timing-Funktion ermöglicht es Ihnen, mit einer Bézierkurve eine eigene Timing-Funktion zu erstellen. Eine Bézierkurve hat zwei Endpunkte und zwei Kontrollpunkte. Die Endpunkte bestimmen den Anfang und das Ende der Kurve. Die Kontrollpunkte definieren die Form der Kurve an den Endpunkten (technisch definiert ein Kontrollpunkt die Tangente der Kurve). Abbildung 4.5 zeigt ein Beispiel für eine Bézierkurve. Im Grunde handelt es sich um eine Ease-Middle-Funktion, da sowohl der Anfang als auch das Ende schnell animiert werden, während die Mitte langsamer verläuft.

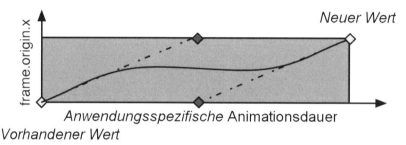

Abb. 4.5:   Anwendungsspezifische Animations-Timeline

Die Werte dieser Kurve sind ebenfalls normalisiert. Die Abschnitte entsprechen also Prozentanteilen der Animationsdauer.

Das anwendungsspezifische Timing wird mit der `initWithControlPoints::::`-Methode der `CAMediaTimingFunction`-Klasse definiert. Ein Beispiel:

```
- (CAMediaTimingFunction *)getTimingFunction {
    CGFloat c1x = 0.5;
    CGFloat c1y = 1.0;
    CGFloat c2x = 0.5;
    CGFloat c2y = 0.0;
    return [[CAMediaTimingFunction alloc]
            initWithControlPoints:cx1 :cy1 :cx2 :cy2];
}
```

Da Anfangs- und Endwert bereits bekannt sind ({0, 0} bzw. {1, 1}), müssen Sie nur die Kontrollpunkte spezifizieren. In dem Beispiel liegt der erste Kontrollpunkt bei {0,5, 1,0} und der zweite bei {0,5, 0,0}. Da die Kontrollpunkte einer Bézierkurve die Form der Kurve an diesem Punkt (oder mathematisch genauer: die Tangente der Kurve an diesem Punkt) definieren, müssen Sie der Kurve am Anfang und am Ende eine stärkere Steigung als in der Mitte zuweisen. Diese Timing-Funktion bewirkt, dass die Animation die Werte am Anfang und Ende schnell und in der Mitte sehr langsam ändert. Ein Blick auf die Abbildung hilft Ihnen, dies genau zu verstehen.

Ease-In- und Ease-Out-Animationen im praktischen Einsatz

Ease-In- und Ease-Out-Kurven eignen sich hervorragend, um dem Benutzer subtile Hinweise über das Verhalten der Anwendung zu geben. Betrachten Sie etwa, wie *Front Row* Ihre Song-Liste anzeigt. Wenn Sie eine Pfeiltaste (aufwärts oder abwärts) niedergedrückt halten, läuft die Animation immer schneller ab. Wenn Sie die Taste loslassen, wird die Animation allmählich langsamer. Sanft zu einer sehr schnellen Animation zu beschleunigen und sanft aus einer schnellen Animation abzubremsen, anstatt sie abrupt anzuhalten, ist ein großartiges Beispiel für die Verwendung dieser Timing-Funktionen. Ein ähnlich gutes Beispiel ist die Bearbeitung der Bookmarks (Lesezeichen) für Safari auf dem iPhone. Wenn Sie den BOOKMARKS-Button anklicken, gleitet die Liste der Bookmarks mit einem Ease-Out-Übergang aus dem unteren Rand. Sie kommt also schnell auf den Bildschirm, wird aber langsamer, wenn sie den Bildschirm fast gefüllt hat. Eine derartige subtile Änderung der Geschwindigkeit der Animation vermittelt wirklich das Gefühl, dass sich die Anwendung »richtig« anfühlt. Dinge in der realen Welt starten oder bremsen (normalerweise) nicht abrupt. Wenn Ihre Animationen dieses sanfte Beschleunigen oder Abbremsen nachbilden, vermitteln Ihre Anwendungen eher ein Echte-Welt-Gefühl.

4.1.6 Beispiel für eine Timing-Funktion

In diesem Beispiel erstellen Sie eine anwendungsspezifische Timing-Funktion für eine Animation. Hier ist der Code:

Download AnimationTiming/CustomAnimationTiming/MyView.m

```
-(void)setupMover {
  NSRect bounds = self.bounds;
  NSRect moverFrame =
      NSInsetRect(bounds, NSWidth(bounds) / 4.0f,
                  NSHeight(bounds) / 4.0f);
  moverFrame.origin.x = 0.0f;
  mover = [[NSImageView alloc] initWithFrame:moverFrame];
  [mover setImageScaling:NSScaleToFit];
  [mover setImage:[NSImage imageNamed:@"photo.jpg"]];
  [self addSubview:mover];
}
```

```
- (id)initWithFrame:(NSRect)frame {
  self = [super initWithFrame:frame];
  if (self) {
    [self setupMover];
  }
  return self;
}
```

Wie in anderen Beispielen enthält die NIB-Datei auch hier ein einziges Fenster mit einer Instanz von MyView, die fast das gesamte Fenster ausfüllt. In diesem Code wird eine NSImageView erstellt und positioniert. Sie enthält ein Bild, das in der View animiert werden soll. Die Position des Bildes ist einfach um ein Offset versetzt. Dadurch wird der mover in den Grenzen der View zentriert und halb so groß gemacht. Dann wird er an den linken Rand verschoben, indem origin.x auf null gesetzt wird. Der folgende Code zeigt die Verarbeitung der Ereignisse:

Download AnimationTiming/CustomAnimationTiming/MyView.m

```
- (BOOL)acceptsFirstResponder {
  return YES;
}
- (void)keyDown:(NSEvent *)event {
  [self move];
}
```

Dieser Code akzeptiert einen ersten Responder, damit er die Tastaturereignisse verarbeiten kann. Er reagiert auf das keyDown-Ereignis, indem er move aufruft. Hier ist der Code dieser Methode:

Download AnimationTiming/CustomAnimationTiming/MyView.m

```
- (CABasicAnimation *)moveAnimation {
  if(nil == moveAnimation) {
    moveAnimation = [CABasicAnimation animation];
    moveAnimation.duration = 2.0f;
    moveAnimation.timingFunction =
        [[CAMediaTimingFunction alloc]
            initWithControlPoints:0.5 :1.0 :0.5 :0.0];
  }
  return moveAnimation;
}
- (void)move {
  NSDictionary *animations = [NSDictionary
                                dictionaryWithObject:[self moveAnimation]
                                forKey:@"frameOrigin"];
```

```
    [mover setAnimations:animations];
    NSPoint origin = mover.frame.origin;
    origin.x += NSWidth(mover.frame);
    [mover.animator setFrameOrigin:origin];
}
```

Hier wird die Animation erstellt und ihr dann die weiter vorne beschriebene anwendungsspezifische Timing-Funktion zugewiesen. Zur Erinnerung: Diese Funktion definiert eine anwendungsspezifische Kurve für die Animationsinterpolation. Da Anfangs- und Endwert bekannt sind ({0, 0} bzw. {1, 1}), müssen nur die Kontrollpunkte gesetzt werden. In der move-Methode wird wie üblich ein animations-Dictionary für den mover erstellt; dann wird die anwendungsspezifische Animation in das Dictionary eingefügt.

In diesem Abschnitt wurden Kurven behandelt, mit denen Sie das Timing einzelner Animationen steuern können. Als Nächstes erfahren Sie, wie Sie mit dem NSAnimationContext die Gesamtdauer für einen Satz von Animationen kontrollieren können.

4.2 Cocoa-Animations-Timing

Wie bereits erwähnt wurde, dauern Animationen standardmäßig 0,25 Sekunden, um den Wert einer Property zu ändern. In den meisten Fällen sieht dies schnell und elegant aus. Soll eine Animation jedoch kürzer oder länger dauern, können Sie das Standard-Animations-Timing in dem gegenwärtigen NSAnimationContext wie folgt ändern:

```
[NSAnimationContext beginGrouping];
[[NSAnimationContext currentContext] setDuration:2.0f];
// Hier steht Ihr Code.
[NSAnimationContext endGrouping];
```

Diese Methode ist einfach. Alle Animationen zwischen den Aufrufen von begin-Grouping und endGrouping werden für die angegebene Dauer animiert. Beispielsweise werden Animationen häufig langsam ausgeführt, wenn eine Modifier-Taste, wie etwa die ⇧-Taste, gedrückt wird. Für Entwickler ist dies eine großartige Methode, Animationen zu debuggen. Wenn Animationen langsam ausgeführt werden, sind Sprünge und andere unerwünschte Bewegungen manchmal leichter zu entdecken. Normalerweise wird diese Funktionalität dem Endbenutzer nicht zur Verfügung gestellt. Apple ließ diese Zeitlupenanimation für die Minimierung ins Dock im Programm. Sie können Sie ausprobieren, indem Sie die ⇧-Taste gedrückt halten und dann den MINIMIEREN-Button eines Fensters anklicken.

Sie können auch Aufrufe von `beginGrouping` und `endGrouping` verschachteln, um die Dauer von Animationsgruppen separat zu setzen. Anders ausgedrückt: Sie können beispielsweise zwei Animationen erstellen, wobei die eine eine Sekunde und die andere drei Sekunden läuft. Und sie könnten diese Animationen zu einer Gruppe zusammenfassen, damit sie alle gleichzeitig starten. Ein Beispiel für diese Technik finden Sie später im Abschnitt 4.3, *Animationen verketten.*

Bei Bedarf können Sie die Dauer einer bestimmten Animation auch mit der `duration`-Property setzen. Die Property hat Vorrang vor der Gruppierung mit `NSAnimationContext` und sollte nur in Fällen verwendet werden, in denen die Animation immer für die spezifizierte Dauer laufen soll. Zu diesem Zweck müssen Sie eine separate Animation erstellen, ihre Dauer festlegen und sie dann in das `animations`-Dictionary des zu animierenden Objekts einfügen. Abgesehen vom Setzen der Dauer ist dies derselbe Prozess wie für die Erstellung einer anwendungsspezifischen Animation in den anderen Beispielen.

Das nächste Beispiel verfügt über einen Controller, mit dem Sie das Animations-Timing anpassen können. In dem Beispiel werden drei Buttons zu der Benutzerschnittstelle hinzugefügt, die das Animations-Timing auf schneller, langsamer und zurück auf den Standardwert setzen.

Wenn Sie den FAST-Button anklicken, wird die Animation in 0,1 Sekunden ausgeführt; klicken Sie auf den DEFAULT-Button, wird sie in 0,25 Sekunden ausgeführt; und klicken Sie auf den SLOW-Button, läuft sie in 2,0 Sekunden ab. Der Code von `MyController` enthält drei `action`-Methoden, die für die Geschwindigkeiten zuständig sind.

Die erste Methode, `makeSlow:` (A), fügt eine einfache Animation mit dem Key `frameOrigin` zu `myView.mover` hinzu und setzt deren Dauer auf zwei Sekunden. Diese anwendungsspezifische Animation wird wegen des Suchmechanismus des `animator`-Objekts verwendet (siehe weiter vorne Kapitel 2, *Cocoa-Animation*). Dieser Mechanismus prüft zunächst das `animations`-Dictionary. Findet er dort eine Animation, verwendet er sie. Deshalb benutzt der `animator` diese Animation, immer wenn die `frameOrigin`-Property geändert wird. Diese Animation bleibt wirksam, bis sie ausdrücklich entfernt wird.

```
Download AnimationTiming/CustomizeAnimation2/MyController.m
- (IBAction)makeSlow:(id)sender {                           // A
  CABasicAnimation *frameOriginAnimation =
    [CABasicAnimation animation];
  [frameOriginAnimation setDuration:2.0f];
  NSDictionary *animations =
    [NSDictionary dictionaryWithObjectsAndKeys:
     frameOriginAnimation, @"frameOrigin", nil];
  [myView.mover setAnimations:animations];
}
```

Die zweite Methode, makeDefault: (B), setzt das animations-Dictionary auf nil. Dies weist den animator an, beim nächsten Aufruf die Standardanimation zu verwenden, da er in dem animations-Dictionary nichts findet:

Download AnimationTiming/CustomizeAnimation2/MyController.m

```
- (IBAction)makeDefault:(id)sender {                        // B
  [myView.mover setAnimations:nil];
}
```

Die dritte Methode, makeFast: (C), setzt die Animationsdauer auf 0,1 Sekunden. In diesem Beispiel wird das vollständige Dictionary der Einfachheit halber ersetzt; aber Sie könnten als animations-Dictionary auch ein Mutable-Dictionary verwenden und dann einfach Animationen hinzufügen und entfernen:

Download AnimationTiming/CustomizeAnimation2/MyController.m

```
- (IBAction)makeFast:(id)sender {                          // C
  CABasicAnimation *frameOriginAnimation =
    [CABasicAnimation animation];
  [frameOriginAnimation setDuration:0.1f];
  NSDictionary *animations =
    [NSDictionary dictionaryWithObjectsAndKeys:
    frameOriginAnimation, @"frameOrigin",nil];
  [myView.mover setAnimations:animations];
}
```

Die NSAnimationContext-Dauer gilt nur für Animationen, deren Dauer nicht ausdrücklich gesetzt worden ist. Wollten wir also die Animationen mit einem Kontext verlangsamen, würde dies bei den Animationen nicht funktionieren, deren Dauer ausdrücklich, wie hier gezeigt, festgelegt worden ist.

4.3　Animationen verketten

Animationen können nacheinander ausgeführt werden. Beispielsweise könnten Sie einen Button animieren, der von OFF nach ON gleitet. Wenn er die ON-Position erreicht, könnte ein weiterer Teil des UI einen Satz von Controls enthüllen, die nur nützlich sind, wenn das System eingeschaltet ist. Wenn der Button wieder die OFF-Position erreicht, könnten diese Controls wieder verborgen werden.

Sie könnten dies beispielsweise mit einem Delegate für die erste Animation realisieren, der in Aktion tritt, wenn er die Nachricht erhält, dass die Animation beendet wurde. Animationen benachrichtigen ihre Delegates, wenn sie starten und wenn sie enden. Wenn der Delegate die Nachricht erhält, dass die Animation beendet wurde, erhält er auch ein Flag, das anzeigt, ob die Animation abgeschlossen oder vor ihrem normalen Ende abgebrochen wurde. Mit einem Delegate für die erste Animation können Sie die zweite Animation anstoßen, wenn die erste abgeschlossen wurde.

Ein Beispiel soll diese Technik illustrieren. In diesem Beispiel werden zwei Bilder (wieder in NSImageView-Objekten) animiert, und zwar nicht durch unabhängige, sondern durch verkettete Animationen.

Das Strandfoto startet auf der linken Seite des Bildschirms und bewegt sich auf die Mitte zu (wo der Schneemann startet). Wenn es dort ankommt, startet der Schneemann seinen Weg von der Mitte des Bildschirms auf die rechte Seite. Deshalb sieht es so aus, als würde das Strandfoto bei seiner Ankunft den Schneemann nach rechts verdrängen.

Abbildung 4.6 zeigt das mittlere Frame der Animation; das Strandfoto hat seinen Weg fast beendet, und der Schneemann fängt seinen Weg gleich an.

Abb. 4.6: Verkettete Animation

Betrachten Sie zunächst den Code für die Animation der Views:

```
Download AnimationTiming/TimedAnimation/TimedAnimation.m
- (void)right {
  // photo1 is going to move to where photo2 is
  NSPoint newOrigin = [photo2 frame].origin;
  CABasicAnimation *animation =
      [self basicAnimationNamed:@"photo1" duration:1.0f];      // A
   animation.delegate = self;                                  // B
```

```
    [photo1 setAnimations:[NSDictionary
        dictionaryWithObject:animation
        forKey:@"frameOrigin"]];
    [[photo1 animator] setFrameOrigin:newOrigin];
}

- (void) reset {
    [photo1 setAnimations:nil];
    [photo2 setAnimations:nil];

    NSPoint newPhoto1Origin = NSMakePoint(0.0f,
        NSMidY([self frame]) - (NSHeight([photo1 bounds]) / 2.0f));
    NSPoint newPhoto2Origin = NSMakePoint(
        NSMidX([self frame]) - (NSWidth([photo2 bounds]) / 2.0f),
        NSMidY([self frame]) - (NSHeight([photo2 bounds]) / 2.0f));

    [[photo1 animator] setFrameOrigin:newPhoto1Origin];
    [[photo2 animator] setFrameOrigin:newPhoto2Origin];
}
```

Dieser Code wird von dem Event-Handling (das heißt, wie bei den anderen Beispielen durch keyDown:) aufgerufen und löst eine Animation der beiden Fotos aus, entweder nach rechts mit der right-Methode oder zurück an den Anfang mit der reset-Methode. Bei der right-Methode gibt es einiges anzumerken: Erstens wird die Animation benannt (A). Der Name wird etwas später bei der delegate-Methode benötigt. Zweitens wird der delegate gesetzt (B). Wie bereits beschrieben wurde, wird er benachrichtigt, wenn die Animation beendet wird.

Download AnimationTiming/TimedAnimation/TimedAnimation.m
```
- (void)animationDidStop:(CAAnimation *)animation finished:(BOOL)flag {
    if(flag && [[animation valueForKey:@"name"] isEqual:@"photo1"]) {
        CABasicAnimation *photo2Animation =
            [self basicAnimationNamed:@"photo2" duration:animation.duration];
        [photo2 setAnimations:[NSDictionary dictionaryWithObject:photo2Animation
                                    forKey:@"frameOrigin"]];
        NSPoint newPhoto2Origin =
            NSMakePoint(NSMaxX([self frame]) - [photo2 frame].size.width,
                    [photo2 frame].origin.y);
        [[photo2 animator] setFrameOrigin:newPhoto2Origin];
    }
}
```

Die animationDidStop:finished:-Methode wird aufgerufen, wenn die mit photo1 verbundene Animation beendet ist. Das finished-Flag hat den Wert YES, wenn die Animation abgeschlossen wurde, und `NO`, wenn sie vorzeitig abgebrochen wurde. Das `photo2` soll an den rechten Rand verschoben werden, wenn `photo1` seine Bewegung beendet hat. Deshalb wird eine neue Animation mit derselben Dauer erstellt und mit `photo2` verbunden. Dann wird der `animator` von `photo2` angewiesen, es zu verschieben. Beachten Sie, dass die Animation für `photo2` nur gestartet wird, wenn der Name der abgeschlossenen Animation `photo1` lautet. Mit einem solchen Namensschema können Sie ein Objekt als Delegate für mehrere Animationen verwenden und diese dann anhand ihrer Namen unterscheiden.

Sie können die Animation durch Drücken der $\boxed{\rightarrow}$-Taste starten und mit der $\boxed{R}$-Taste zurücksetzen. Wenn Sie die Animation mehrfach ausführen, verstehen Sie besser, was genau passiert. Wenn die erste Animation (von `photo1`) beendet wird, wird eine zweite Animation (von `photo2`) erstellt und gestartet. Dadurch werden die beiden Animationen verkettet.

Mit derselben Technik können Sie auch verschiedene Animationsarten verknüpfen. Sie müssen jedoch beachten, dass der Delegate einer Animation ignoriert wird, die zu einer Animationsgruppe gehört. Er wird nicht benachrichtigt, wenn die einzelne Animation beendet ist. Sie können jedoch einen Delegate mit der Gruppe verbinden. Dann wird er benachrichtigt, wenn die Gruppenanimation beendet ist.

Mit Layers in einer Layer-hosting-View können Sie Animationen noch flexibler verketten. Im folgenden Kapitel 5, *Layer-backed Views*, erfahren Sie, wie Sie Views mit Layers verbinden können. In späteren Kapiteln wird dann die Verkettung von Animationen mit Layers behandelt.

In diesem Kapitel wurde gezeigt, wie das Animations-Timing konfiguriert und verwendet wird. Sie können die Dauer für anwendungsspezifische Animationsobjekte festlegen oder mit der Dauer des `NSAnimationContext` arbeiten. Der Animationskontext ist auf jeden Fall flexibler. Im nächsten Kapitel werden erstmals Layers in Layer-backed Views eingesetzt. Layers eröffnen Ihnen viele neue und aufregende Möglichkeiten.

Kapitel 5

Layer-backed Views

*Die aufregendste Aussage, die in der Wissenschaft von einer neuen Entdeckung
kündet, ist nicht »Heureka!«, sondern »Das ist seltsam ...«*

Isaac Asimov

In diesem Kapitel werden die zusätzlichen Funktionen eingeführt, die das Layer-
Backing von Views zur Verfügung stellt. Zugleich beginnt damit der Übergang
von der Cocoa-orientierten Animation aus den zurückliegenden Kapiteln zu den
Core-Animation-Layers in den restlichen Kapiteln.

Bis jetzt haben Sie Core-Animation-Klassen eingesetzt, die eng in Cocoa integriert
sind. Dieser Ansatz bietet bereits zahlreiche Funktionen und ist recht flexibel.
Noch mehr gewinnen Sie, wenn Sie Core-Animation-Layers verwenden. Sie können ein Layer in einem als 3D wahrgenommenen Raum animieren. Sie können
auch mehrere Inhaltstypen, wie etwa QuickTime oder OpenGL, zusammen in
denselben Layer-Tree (»Layer-Baum«, »Schichtenbaum«) einfügen. Diese Bereiche werden schrittweise in den folgenden Kapiteln behandelt. Doch im Moment
fehlen noch die Grundlagen für die Erstellung einer ausgewachsenen Core-Ani-
mation-Layer-Benutzerschnittstelle.

Das Layer-Backing einer View wird einfach durch einen Aufruf von `setWants-
Layer:` aktiviert. Dann kann sie auf drei neue Funktionen zurückgreifen. Erstens:
die Drehung um den Mittelpunkt der View (Abschnitt 5.5, *Views und Controls drehen*). Zweitens: den Inhalt der gesamten View mit Schatten versehen (Abschnitt
5.3, *Views mit Schatten versehen*). Drittens: die Transparenz einer View setzen
(Abschnitt 5.4, *View-Transparenz setzen*). Alle diese Funktionen konnten auch früher schon realisiert werden; aber das Codieren war sehr viel schwieriger. Mit dem
Layer-Backing ist es heute ein Kinderspiel.

5.1   Was vor Ihnen liegt

Bei Übergang zu Core Animation werden Sie einige vertraute Klassen und APIs
hinter sich lassen. Einige Aspekte von Core Animation arbeiten etwas anders, viele
andere sind dagegen sehr vertraut. So sind etwa Core-Animation-Layers keine
Unterklassen von `NSResponder`; deshalb können sie, im Gegensatz zu Views,
keine Ereignisse verarbeiten. Sie reagieren jedoch auf `hitTest:`, um die Layers zu
lokalisieren, die angeklickt wurden. Deshalb können Sie immer viele Techniken

verwenden, die Sie von Cocoa her kennen. Der Übergang erfolgt allmählich und wird anhand von Beispielen illustriert.

Zunächst müssen Sie etwas über Layers in Views erfahren. Eine Layer-backed View verfügt über einen Core Animation Layer als Hintergrundspeicher (engl. *backing store*). Dies bedeutet im Wesentlichen, dass die grafischen Operationen der View zunächst in diesem Layer oder Hintergrundspeicher »zwischengespeichert« werden. Dort kann das System die Darstellungen leicht und unglaublich schnell manipulieren und animieren. Tatsächlich hätten alle Animationen aus den vorhergehenden drei Kapiteln mit Layer-Backing schneller ausgeführt werden können. Nun waren diese Animationen nicht sehr anspruchsvoll, aber wenn Sie mit Ihren Animationen Performance-Probleme haben, sollten Sie ausprobieren, ob diese Probleme mit Layer-Backing behoben werden können.

Diese neue Flexibilität bringt jedoch auch neue Probleme mit der Darstellungsperformance mit sich. Sie müssen nicht nur dafür sorgen, dass die Elemente mit einer akzeptablen Performance dargestellt werden (was Sie immer getan haben), sondern auch darauf achten, dass Animation-Performance durch das Zeichnen nicht beeinträchtigt wird. Letztlich bedeutet dies, dass Sie die Best Practices von Cocoa beherzigen, wenn Sie in Layer-backed Views zeichnen.

Die Best Practices für das Zeichnen fordern beispielsweise, dass nur gezeichnet wird, was erforderlich ist und nur was sich wirklich geändert hat. Ich werde an den einschlägigen Stellen speziell auf diesen Punkt hinweisen. Bevor die neuen Funktionen vorgestellt werden, möchte ich noch die Arbeitsweise von Layer-backed Views mit der der bekannten View-Hierarchie vergleichen.

5.2   View und Layer-Hierarchie

Zunächst ein schneller Überblick über die Arbeitsweise der Layer-Hierarchie bei Layer-backed Views. Wie Sie wissen, werden Views in Cocoa in einem Baum angeordnet, der mit der Root-View beginnt und stufenweise durch die diversen Subviews erweitert wird. Abbildung 5.1 zeigt einen Satz von fünf Views, die in einer typischen Baumstruktur, der so genannten *View-Hierarchie*, angeordnet sind. Standardmäßig haben diese Views keinen Layer, sondern bilden eine typische Cocoa-View-Hierarchie.

Wenn das Layer-Backing mit dem Aufruf `myView.wantsLayer` = YES aktiviert wird, werden die View und alle ihre Subviews mit einem Layer versehen. Abbildung 5.1 zeigt die Layers im Hintergrund der Views. Diese eine kleine Codezeile eröffnet Ihnen den Zugriff auf zahlreiche neue Funktionen.

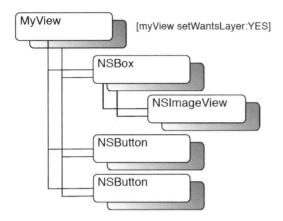

Abb. 5.1:   View-Hierarchie

Layer-backed Views verwalten ihre eigenen Layers und auch die Layer-Hierarchie, damit die Layers immer mit der View-Hierarchie synchronisiert bleiben. Anders ausgedrückt: Wenn Sie eine View zu der Hierarchie hinzufügen, wird sie mit einem Layer versehen. Außerdem wird dieser Layer an der richtigen Stelle in die gespiegelte Layer-Hierarchie eingefügt. Entsprechendes passiert, wenn Sie Views entfernen.

Glücklicherweise müssen Sie sich beim Codieren von Anwendungen meistens nicht um die Hintergrund-Layers kümmern. Das Thema wird wichtig, wenn Sie nicht erwartungsgemäß funktionierenden Code debuggen wollen. Dann zu wissen, wie Views ihre Layers verwalten, hilft manchmal, Bugs zu finden und zu verstehen. Dies gilt auch für die Analyse und Behebung von Performance-Problemen. Denken Sie also an diese Hierarchie, wenn Sie Bugs finden und beseitigen müssen.

Layer-Manipulation

Da die View den Layer verwaltet und genau wissen muss, was in ihm passiert, sollten Sie den Layer nur mit den Methoden manipulieren, die von der View veröffentlicht werden. Solange Sie nur diese Methoden verwenden, kann die View den Layer aktualisieren und immer seinen Zustand kennen. Wenn Sie den Layer dagegen unter Umgehung der View ändern, können Sie das Animationsverhalten nachhaltig stören. Sie können Layers auch komplett kontrollieren; aber dies ist ein anderes Thema (siehe Kapitel 8, *Core Animation Layers*), bei dem es nicht um Layer-*backed*, sondern um Layer-*hosting* Views geht.

Wenn Sie Layers in Ihre Views integrieren, müssen Sie auch daran denken, dass mit jedem Zeichenbefehl neue Daten in einen Layer eingefügt werden. Dadurch kann es zu unerwünschten Verzögerungen der Animationen kommen. Mehr darüber erfahren Sie in Abschnitt 5.6, *Layer-Backing und Performance-Fragen*.

5.3 Views mit Schatten versehen

Schatten lassen Elemente optisch auf dem Bildschirm »hervortreten«. Sie können eine Layer-backed View mit einem Schatten versehen, um sie im Vergleich zu den anderen Inhalten des Fensters hervortreten zu lassen und so die Aufmerksamkeit des Benutzers anzuziehen.

Wenn Sie ein NSShadow zu einer View hinzufügen, gibt sie ihn an ihren Layer weiter. Der Schatten wird dann zusammen mit dem Layer dargestellt. Sie erstellen einfach eine Instanz von NSShadow, konfigurieren sie Ihren Wünschen entsprechend und wenden sie mit der setShadow:-Methode auf die Layer-backed View an.

Sie können bei einem Schatten die folgenden vier Properties setzen:

Property-Name	Beschreibung
opacity	Die Transparenz des Schattens (verglichen mit dem Hintergrund)
radius	Die Krümmung der Schattenecken
offset	Der vertikale und horizontale Offset des Schattens unter der View
color	Die Farbe des Schattens

Mit dieser Technik können Sie alle Elemente einer View mit einem Schatten versehen, ohne auf systemnahe Zeichentechniken von Quartz zurückzugreifen (für Neugierige: Der Trick wird als *Transparency-Layer* bezeichnet). Da alle Zeichenoperationen abgeschlossen und in dem Layer zwischengespeichert sind, kann das System den Layer als Objekt verwenden und mit einem Schatten versehen. Deshalb erhalten Sie einen Schatten für die gesamte Zeichnung und nicht Schatten für jedes ihrer Teile. Mit diesem Ansatz ist das Zeichnen eines Schattens für den View-Inhalt viel einfacher.

Abb. 5.2:   Button mit Schatten

Der folgende Code zeigt, wie der Schatten erstellt wird. Das Offset beträgt 10, –10 (positive Zahlen bedeuten: nach rechts und nach oben). Der Blur-Radius wird auf 10 gesetzt, was bei einem Schatten dieser Größe gut aussieht, für kleinere Schatten aber ungeeignet ist. Sie müssen verschiedene Werte ausprobieren, um den gewünschten Effekt zu erzielen. Die Farbe wird auf Schwarz gesetzt, damit der Schatten beim Druck auffälliger ist. Der Standardwert Dunkelgrau mit einem opacity-Wert von 33 Prozent sieht auf dem Bildschirm gut, aber im Druck verwaschen aus.

```
- (void)applyShadow {
  NSShadow *shadow = [[NSShadow alloc] init];
  [shadow setShadowOffset:NSMakeSize(10.0f, -10.0f)];
  [shadow setShadowBlurRadius:10.0f];
  [shadow setShadowColor:[NSColor blackColor]];
  [myButton setShadow:shadow];
}
```

5.4 View-Transparenz setzen

Die View-Transparenz (auch *Alpha* genannt) gibt es seit der ersten Version von Mac OS X; es war also schon immer möglich, in einer View transparente Inhalte darzustellen. Doch wie bei den Schatten erwähnt wurde, war es noch nie so einfach. Früher musste man die Transparenz jeder Komponente einer View (jedes Bildes, jeder Linie, jedes Kreises usw.) spezifizieren. Um eine konsistente Transparenz zu erzielen, musste man manchmal Inhalte (wie etwa JPEGs und Ähnliches) konvertieren, damit sie überhaupt transparenzfähig wurden. Doch mit Layer-Backing müssen Sie nur die alphaValue-Property auf den gewünschten Wert setzen. Er gilt dann für die gesamte View mit allen Komponenten.

5.5 Views und Controls drehen

Controls zu drehen, ist umstritten. Man braucht nur einen Blick in diverse Threads der Cocoa-Dev-Mailing-List zu werfen, um die verschiedenen, oft leidenschaftlich vertretenen Meinungen über gedrehte Buttons kennen zu lernen. Die »Experten« der Apple-Benutzerschnittstelle raten normalerweise von gedrehten Controls ab, weil sie das konsistente Aussehen und Verhalten der Plattform zerstören; und im Allgemeinen stimme ich ihnen zu. Doch ich habe einige Anwendungen, bei denen ein gedrehter Button einen echten Mehrwert geboten hat. Meist handelte es sich um wissenschaftliche Anwendungen, bei denen ein UI mit einem gedrehten Button entlang einer vertikalen Achse einfach »passte«. Ich sage das mit Vorbehalt; denn die Tatsache, dass Sie Controls drehen können, bedeutet nicht, dass Sie dies auch tun sollten. Allerdings kann man mit solchen Controls das Thema dieses Abschnitts gut illustrieren.

Obwohl es im vorhergehenden Text kaum erwähnt wurde, muss betont werden, dass Controls Views sind, das heißt Unterklassen von NSControl, die mit allen der bereits beschriebenen Techniken animiert werden können. Was wirklich bemerkenswert ist: Diese Controls behalten ihre normale Funktion, auch wenn sie gedreht, abgeblendet, abgeschattet oder animiert werden. Dies eröffnet zahlreiche interessante Möglichkeiten für ihren Einsatz.

Auch wenn es schon seit Langem (genauer gesagt: seit Mac OS X 10.0) möglich ist, eine View zu drehen, haben die meisten Controls in gedrehter Form nicht gut ausgesehen und sich nicht immer erwartungsgemäß verhalten. So hatten etwa Buttons nicht die korrekten Aktivierungsrechtecke und zeigten andere unerwünschte Verhaltensweisen. Heute stehen dagegen Layer-backed Views zur Verfügung, die gedreht oder anderweitig manipuliert werden können und dennoch ihr erwartetes Verhalten beibehalten. Abbildung 5.3 zeigt ein Beispiel für einen Button, der um 45 Grad gedreht ist. Jedes Mal, wenn Sie den ROTATE-Button anklicken, wird der BEEPER-Button um weitere 15 Grad gedreht.

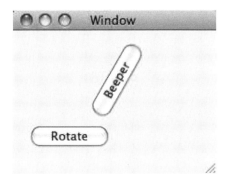

Abb. 5.3:   Ungefilterte Controls auf dem Hintergrund

Der folgende Code bewirkt die Drehung des Buttons:

```
Download LayerBackedViews/LayerBackedControls/Controller.m
@implementation Controller

- (void)awakeFromNib {                                          // A
  [[rotatingButton superview] setWantsLayer:YES];
}

- (IBAction) rotateButton:(id)sender {                          // B
  CGFloat rotation = [rotatingButton frameCenterRotation];
  [rotatingButton setFrameCenterRotation:
  rotation + 15.0f];
}
```

```
- (IBAction) beep:(id)sender {
  NSBeep();
}
```

Der Code ist sehr einfach. In der awakeFromNib-Methode (A) wird das Layer-Backing der superview des Buttons (und damit auch das Layer-Backing des Buttons) aktiviert. Das Layer-Backing sorgt dafür, dass der Button auch in gedrehtem Zustand seine normale Funktionalität behält. In der rotateButton:-Methode (B) wird der Drehungswinkel aktualisiert.

Sie können jedes Control oder jede View drehen, indem Sie einfach das Layer-Backing der zugehörigen superview aktivieren. Wie bereits erwähnt, sollten Sie Controls nicht einfach nur deshalb drehen, weil es möglich ist. Doch manchmal ist die Drehung die beste Lösung, um einen gewünschten Effekt zu erzielen. So können Sie etwa durch eine 90-Grad-Drehung eines Buttons betonen, dass die zugehörige Aktion mit der Vertikalen zu tun hat. Sie sollten jedoch immer daran denken, wie der Benutzer die Drehung interpretieren könnte, und darauf achten, dass sie die Anwendung bereichert und nicht von ihr ablenkt.

Wenn Sie eine View mit dieser Technik drehen, müssen Sie darauf achten, ob Sie den anchorPoint des zugrundeliegenden Layers geändert haben; denn dann erhalten Sie ein undefiniertes Verhalten. Dies gehört zu den Fällen, in denen Sie wirklich unbeabsichtigte Zeichenoperationen und Animationen auslösen können, wenn Sie den Layer unter Umgehung der View manipulieren. Ich komme später auf den anchorPoint zurück; doch wenn Sie mit Layer-backed Views arbeiten, sollten Sie diese Property besser nicht ändern.

Drehung und Benutzerschnittstelle

Wenn Sie Elemente der Benutzerschnittstelle (also Controls oder andere anwendungsspezifische Elemente) drehen, müssen Sie darauf achten, ob Sie gegen die gewählte Metapher Ihrer Anwendung verstoßen. Wenn Sie ein Control in einer Situation verwenden und dann einfach drehen, ohne sein Aussehen zu ändern, könnten Sie aus Ihrer Metapher ausbrechen.

Betrachten Sie beispielsweise die Dock-Änderungen in Leopard. Anfänglich war das Dock in Leopard 3D und reektierend, als ob die Anwendungs-Icons auf einem glänzenden Regalboden stünden. Das Dock sah wunderbar aus, solange es sich am unteren Rand des Bildschirms befand. Doch wenn es auf die linke oder rechte Seite verschoben wurde, brach die Metapher vollkommen zusammen. Es gibt eben keine vertikalen Regalböden. Deshalb funktionierte die einfache Drehung des Controls (des Docks) mit dieser Metapher nicht; durch die Drehung brach das Dock aus dieser Metapher aus. Apple reagierte, indem es das 3D-Aussehen des Docks an den Seiten des Bildschirms reduzierte. Dies ist eine wichtige Lektion, an die Sie denken sollten, wenn Sie Benutzerschnittstellen entwerfen.

5.6   Layer-Backing und Performance-Fragen

Wenn auch nur eine View in einer Hierarchie das Layer-Backing aktiviert, wird es auch für alle anderen Views in dieser Hierarchie aktiviert, unabhängig davon, ob dies in einzelnen Subviews wünschenswert ist oder nicht. Wenn eine Subview angibt, dass sie ebenfalls ein Layer-Backing wünscht, ist dies folglich redundant. Wenn eine Subview fordert, kein Layer-Backing zu haben, wird dies ignoriert, wenn bei einer ihr in der View-Hierarchie übergeordneten View das Layer-Backing aktiviert ist. Daran sollten Sie denken, weil der Speicherbedarf sehr groß sein kann, wenn Sie Layer-backing Views verwenden, die nicht animiert werden (sollen). Layer-Backing sollte nicht pauschal für den gesamten Inhalt einer View aktiviert werden, sondern nur für Views, die diese Funktionalität wirklich benötigen.

Würden Sie beispielsweise das Layer-Backing für `MyView` in Abbildung 5.4 aktivieren, würde jede View in dieser Hierarchie einen Layer erhalten. So will etwa die `NSBox` kein Layer-Backing haben. Doch da bei ihrer `superview` das Layer-Backing aktiviert ist, gilt dies auch für die Box.

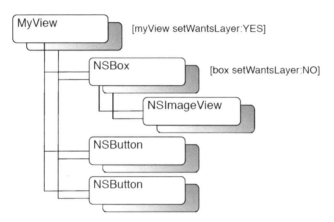

Abb. 5.4:   View und Layer-Hierarchie

Außerdem: Würde das Layer-Backing nur für die `NSBox` aktiviert, hätten sie und die ihr untergeordnete `NSImageView` einen Layer, die anderen Views aber nicht. Damit können Sie kontrollieren, welche Views Layer-Backing bekommen und wie viel Speicher Sie mit Ihrer Anwendung belegen. Dies wird besonders bei sehr tiefen View-Hierarchien wichtig. Hätten Sie 25 nicht animierte und fünf animierte Views, wäre es Speicherverschwendung, wenn Sie bei allen 30 Views das Layer-Backing aktivieren würden. Denken Sie auch daran, dass die anderen 25 Views ihre Properties auch ohne Layer-Backing wie gewohnt durch ihren `animator`-Proxy animieren können. Layer-Backing wird nur benötigt, wenn Sie Transparenz,

Drehungen um den Mittelpunkt, Filter und/oder Schatten in einer View verwenden wollen.

Weitere unerwartete Performance-Probleme können auftreten, wenn Sie mehrere Layer-Trees in ein einziges Fenster einfügen. Jeder unabhängige Layer-Tree erfordert einen separaten Rendering-Kontext, wodurch erhebliche Ressourcen belegt werden können. Wenn Sie mehrere Abschnitte in Ihrem UI haben, die normalerweise in mehrere Views gehören, sollten Sie deshalb versuchen, ein UI mit einem einzigen Root-Layer zu erstellen und dann mehrere Abschnitte des UI diesem einen Root als Sublayers unterzuordnen.

In diesem Kapitel wurden die letzten Cocoa-ähnlichen Animationsfunktionen beschrieben. Im nächsten Kapitel geht es mit der Core Animation weiter. Sie werden Ihre Views um Filter erweitern. In dem darauf folgenden Kapitel steigen Sie dann tief in die Core Animation und Layer-backed APIs ein.

Kapitel 6

Gefilterte Views

Sollte ich mir überhaupt etwas wünschen, sollte ich nicht Reichtum und Macht anstreben, sondern das inbrünstige Verlangen nach dem, was sein könnte, – das ewig junge und sehnende Auge, das die Möglichkeiten sieht. Genuss enttäuscht; das Mögliche niemals.

Søren Kierkegaard

Mac OS X Leopard stellt mehr als 125 Filter zur Verfügung, um die Farbe zu korrigieren, scharfzuzeichnen, zu verzerren und zu stilisieren. Sie können sich den kompletten Satz mit dem CI-Filter-Browser-Widget anschauen. (Bei einer typischen Installation finden Sie das Widget unter `/Developer/Extras/Core Image/CI Filter Browser.wdgt`.) Mit diesen Filtern können Sie das Aussehen der Layer-backed Views, einzeln oder kombiniert, modifizieren.

Mit Core-Image-Filtern können Sie Bilder mithilfe der GPU (Graphical Processing Unit; Grafikprozessor) manipulieren. Damit können Sie Bilder nicht nur unglaublich schnell manipulieren, sondern Sie können mit der ausgefeilten OpenGL Shading Language auch anwendungsspezifische Filter erstellen. Eine ausführliche Darstellung von Core Image würde ein eigenes Buch erfordern. In diesem Kapitel erfahren Sie, wie die Filter in Core Animation genutzt werden.

Zur Erinnerung: Bei einer Layer-backed View werden die Inhalte in dem Layer zwischengespeichert. Dort können Sie die Inhalte wie ein Bild manipulieren. Dies ist auch die Methode, wie Views mit Core-Image-Filtern gefiltert werden. Die Filter werden auf eine zwischengespeicherte Zeichnung genau wie auf ein Bild angewendet. Die Filtermöglichkeiten sind schier endlos und werden nur durch Ihre Vorstellungskraft begrenzt.

Mit diesen Filtern können Sie auch Filter für den Übergang zwischen Subviews erstellen. Die Anwendung der CI-Übergangsfilter wird später in diesem Kapitel beschrieben.

Ein gebräuchlicher Core-Image-Filter ist Bloom. Ein Bloom-Filter zeichnet die Ränder eines Bildes weich und hellt die helleren Teile auf. Insgesamt erscheint das Bild weicher, als ob es sanft glühen würde. Sie können mehrere Properties des Bloom-Filters einstellen und animieren. Die erste ist der `radius`, die Anzahl der Pixel, die für den Effekt verwendet werden (je größer der `radius`, desto stärker wirkt der Filter). Die zweite Property ist die `intensity` des Filters. Mit diesem Filter wird häufig ein Layer hervorgehoben. Wenn die intensity des Filters animiert wird, scheint der Inhalt des Layers zu pulsieren. Dieser Effekt ist sehr geeignet, um die Aufmerksamkeit auf ein UI-Element zu lenken. Apple hat diesen Effekt beispielweise bei den Demos von Core Animation auf der World Wide Developer Conference (WWDC) gezeigt. Wenn der Benutzer im Menüsystem einer Rezept-Anwendung das ausgewählte Rezept änderte, folgte ein pulsierendes weißes Rechteck der Auswahl.

Die Beispiele in diesem Kapitel konzentrieren sich eher auf das Zusammenwirken der Technologien. Ich habe absichtlich nicht Filter wie Bloom, sondern seltener benutzte Filter ausgewählt, damit Sie sich besser auf ihre Arbeitsweise und nicht auf ihre Kosmetik (»Wäre es nicht schöner, wenn da noch ein Schatten stünde?«) konzentrieren können. Die hier verwendeten Filter werden in echten Anwendungen wahrscheinlich kaum benutzt, deshalb können Sie sich auf ihre Anwendung konzentrieren. Die Verschönerung Ihrer Anwendung mit perfekten Filtereffekten bleibt Ihnen überlassen.

Zunächst ein schneller Überblick über Filter und ihren Einsatz.

6.1   View-Filter

Filter können auf drei verschiedene Weisen auf Layer-backed Views angewendet werden: backgroundFilters, contentFilters und compositingFilters. Die Namen drücken aus, dass die Filter auf verschiedene Teile der View wirken.

Die backgroundFilters (Hintergrundfilter) filtern den Hintergrund der View. Zum Hintergrund zählt jeder Teil der View, auf den nicht gezeichnet wird. Man kann es auch folgendermaßen sehen: Der Filter wird auf jeden Teil der übergeordneten View der View angewendet, der durch die View sichtbar ist. Mit einem Hintergrundfilter können Sie beispielsweise eine View betonen, indem Sie den Hintergrund mit einem Blur-Filter unscharf darstellen.

Die contentFilters (Inhaltsfilter) filtern die View, aber nicht den Hintergrund. Sie werden auf alles angewendet, was in der View gezeichnet wird. Mit einem Inhaltsfilter können Sie die Aufmerksamkeit des Benutzers auf bestimmte Aspekte des Inhalts lenken, indem Sie diese betonen oder abblenden.

Die compositingFilters (Kompositionsfilter) filtern die Beziehungen zwischen dem Inhalt der View und dem Inhalt des Hintergrunds. Es gibt zahlreiche Kompositionsmöglichkeiten, darunter die einfache Ersetzung des Hintergrunds (die Standardvariante) oder die Umkehrung der Hintergrundfarbe.

Die Filter werden verkettet und in der jeweils definierten Reihenfolge angewendet. Jeder Filter hat ein inputImage, das auf das outputImage des vorhergehenden Filters gesetzt wird. Das inputImage des ersten Filters ist der Inhalt der View, der in dem Layer zwischengespeichert ist. Das outputImage des letzten Filters wird angezeigt. Diese Verkettung des Verhaltens kümmert sich um alle Input- und Output-Bilder aller Filter, weshalb Sie für die Filter keine Keys definieren müssen.

Wenn ein Filter mit einer Layer-backed View verbunden wird, steuert der Layer den Filter. Sie sollten einen mit einer View verbundenen Filter niemals direkt manipulieren, sondern nur mittels KVC (Key-Value-Coding; »Schlüssel-Wert-Codierung«) modifizieren. Haben Sie beispielsweise einen Box-Blur-Filter als Inhaltsfilter mit einer View verbunden, sollten Sie den `radius` nicht direkt, sondern nur mit der KVC-Methode `setValue:forKeyPath:` ändern:

```
[myView setValue:[NSNumber numberWithFloat:2.5]
    forKeyPath:@"contentFilters.myFilter.inputRadius"]
```

Dann erfährt die View, wann der Filter geändert wird, und kann die entsprechenden Aktionen ausführen (den geänderten Filter anwenden, das Ergebnis zwischenspeichern usw.). Ändern Sie den Filter dagegen unter Umgehung des Layers, ist das Verhalten undefiniert. Erfahrungsgemäß wird dann der Filter nicht mehr angewendet, aber gelegentlich erscheint auch Müll auf dem Bildschirm.

Ein anderer Aspekt von Filtern erzeugt häufig Verwirrung: Filter, die mit einer View oder einem Layer verbunden werden, sollten einen eindeutigen Namen erhalten. Obwohl die verschiedenen Filtertypen (`background`, `content` und `compositing`) in Arrays gespeichert werden, suchen die View oder der Layer die Filter so, als befänden sie sich in einem Dictionary. So sucht beispielsweise der obige Code in dem Key-Pfad `contentFilters.myFilter.inputRadius` einen Filter namens `myFilter` in dem Array `contentFilters`. Hat er den Filter gefunden, setzt er den Wert für den Key auf `inputRadius`. Nun zum Grund der Verwirrung: Die `CIFilter`-Klassenmethode `filterWithName:` erwartet den Namen der Filterklasse (also `CIBoxFilter`), nicht den Namen der Instanz. Nachdem Sie also den Filter mit `filterWithName:` erstellt haben, müssen Sie den Namen der neuen Instanz setzen. Der Code zur Erstellung einer Instanz des `CIPointillize`-Filters sieht etwa folgendermaßen aus:

```
CIFilter *pointillize = [
    CIFilter filterWithName:@"CIPointillize"
            keysAndValues:kCIInputRadiusKey,
                          [NSNumber numberWithFloat:1.0f],
                          kCIInputCenterKey, center, nil]];
pointillize.name = @"pointillize";
// später im Code sollte in dieser Zeile
// der Wert von inputRadius des Filters gesetzt werden
[myView setValue:[NSNumber numberWithFloat:14.0f]
        forKeyPath:[NSString stringWithFormat:
            @"contentFilters.pointillize.%@", kCIInputRadiusKey]];
```

Fazit: Sie dürfen nicht vergessen, die `name`-Property des Filters zu setzen, damit Sie seine Werte ändern können, nachdem Sie ihn in eines der Filter-Arrays Ihrer View eingefügt haben.

6.2 Hintergrundfilter

Wie Sie wissen, erfolgt das Zeichnen in einer View nur durch ihre eigene `draw-Rect:`-Methode oder durch ihre Subviews, die `drawRect:` implementieren. Die restlichen Ränder der View bleiben transparent; und die übergeordnete View »scheint durch die View hindurch«. Dieser transparente Bereich ist der »Hintergrund«, auf den die Filter angewendet werden. Das folgende Beispiel soll die Anwendung eines Hintergrundfilters demonstrieren.

In Abbildung 6.1 zeichnet die Hintergrund-View blaue (im Druck: graue) Streifen, damit der Filter besser erkennbar ist. Die Vordergrund-View verfügt über mehrere Controls als Subviews. Auf die View mit den Controls wird ein `CITorusLensDistortion`-Filter angewendet, der in der Breite animiert ist. Der Effekt ähnelt einem Torus aus Glas, der auf dem Hintergrund liegt.

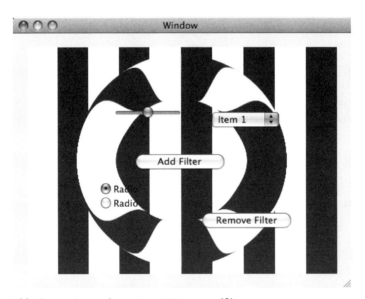

Abb. 6.1: Anwendung eines Hintergrundfilters

Beachten Sie, dass der Hintergrundfilter nur auf die übergeordnete View angewendet wird. Die Controls werden nicht gefiltert. Sie funktionieren wie gewohnt, ohne von dem Filter beeinflusst zu sein. Hier ist der zugehörige Code:

Download FilteredViews/BackgroundFilteredView/BackgroundFilteredView.m

```
- (void) applyFilter {
  CIVector *center = [CIVector
                    vectorWithX:NSMidX([self bounds])
                    Y:NSMidY([self bounds])];
  CIFilter *torus = [CIFilter filterWithName:@"CITorusLensDistortion"
                    keysAndValues:kCIInputCenterKey, center,
                    kCIInputRadiusKey, [NSNumber numberWithFloat:150.0f],
                    kCIInputWidthKey, [NSNumber numberWithFloat:2.0f],
                    kCIInputRefractionKey, [NSNumber numberWithFloat:1.7f],
                    nil];
  torus.name = @"torus";

  [controls setBackgroundFilters:[NSArray arrayWithObjects:torus, nil]];
  [self addAnimationToTorusFilter];
}
```

Die `applyFilter`-Methode in der ersten Zeile erstellt den Filter, weist ihn der `backgroundFilters`-Property des Subview-Controls zu und fügt die Animation hinzu. Wie Sie sehen, ist die Anwendung des Filters sehr einfach. Der meiste Code dieser Methode hat mit der Einrichtung des Torus-Filters zu tun. Die Animation wird wie folgt hinzugefügt:

Download FilteredViews/BackgroundFilteredView/BackgroundFilteredView.m

```
- (void) addAnimationToTorusFilter {
  NSString *keyPath = [NSString stringWithFormat:
                    @"backgroundFilters.torus.%@",
                    kCIInputWidthKey];
  CABasicAnimation *animation = [CABasicAnimation
                    animationWithKeyPath:keyPath];
  animation.fromValue = [NSNumber numberWithFloat:50.0f];
  animation.toValue = [NSNumber numberWithFloat:80.0f];
  animation.duration = 1.0;
  animation.repeatCount = 1e100f;
  animation.timingFunction = [CAMediaTimingFunction functionWithName:
                    kCAMediaTimingFunctionEaseInEaseOut];
  animation.autoreverses = YES;
  [[controls layer] addAnimation:animation forKey:@"torusAnimation"];
}
```

Die Animation hinzuzufügen, ist ähnlich einfach. Sie müssen nur die Animation erstellen, konfigurieren und dann zu dem Layer Ihrer View hinzufügen. Beachten Sie bei der Anwendung dieser Animation Folgendes: Der `keyPath` wird auf backgroundFilters.torus gesetzt. Der Wert kCIInputWidth.backgroundFilters ist der Key zu der Filterliste der View; torus ist der Name, den Sie dem Filter in applyFilter zugewiesen haben. Und kCIInputWidthKey ist eine Konstante, die die width-Property des Torus-Filters spezifiziert.

Alle Properties des Filters können ähnlich animiert werden. Wollten Sie etwa den äußeren Radius des Torus von 120 bis 180 animieren, könnten Sie einfach eine neue Animation erstellen, mit backgroundFilters.torus.kCIInputRadiusKey verbinden und ihren toValue auf 120 sowie ihren fromValue auf 180 setzen. Dann würde der äußere Radius des Torus zusätzlich zu seiner Breite animiert werden. Es würden also zwei Animationen gleichzeitig ablaufen. Sie können sogar weitere Filter hinzufügen und alle unabhängig voneinander animieren. Natürlich können Sie auch zu viel des Guten tun und den Benutzer überwältigen. Denken Sie immer an den (fehlenden) Mehrwert! Bei diesen vielen tollen Möglichkeiten ist die Versuchung der Spielerei sehr groß!

Download FilteredViews/BackgroundFilteredView/BackgroundFilteredView.m

```
- (void)awakeFromNib {
  [self setWantsLayer:YES];
  [self applyFilter];
}
```

Die awakeFromNib-Methode aktiviert das Layer-Backing und fügt den Filter hinzu, wenn die NIB-Datei geladen wird. Wenn Sie Hintergrundfilter anwenden wollen, müssen Sie das Layer-Backing der übergeordneten View aktivieren. (Dadurch wird natürlich auch das Layer-Backing der View aktiviert.)

6.3   Inhaltsfilter

Mit einem Inhaltsfilter können Sie den Inhalt der View anstelle des Hintergrundes filtern. Als Beispiel werden Sie Controls manipulieren. Wenn Sie einen Filter auf den Inhalt einer View anwenden, wird ihr gesamter Inhalt einschließlich der Controls gefiltert. Damit will ich nicht vorschlagen, Controls in typischen Anwendungsfällen zu filtern, sondern nur die Anwendung dieser Filter demonstrieren.

Das folgende Beispiel verfügt über zwei Views: die Hintergrund-View mit den Streifen und die Vordergrund-View mit den Controls, auf die der Filter angewendet werden soll (siehe Abbildung 6.2).

Wenn Sie den MORE POINTALIZE-Button anklicken, wird der Filter auf den Inhalt der Vordergrund-View mit den Controls angewendet. Abbildung 6.3 zeigt den Effekt. Der Pointalize-Filter überzieht das Input-Bild mit runden Punkten (runden Pixeln anstelle von quadratischen). Wenn Sie die Buttons HEAVY POINTALIZE oder LIGHT POINTALIZE anklicken, verändern Sie den Radius dieser Punkte.

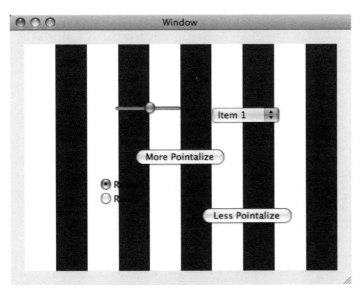

Abb. 6.2: Benutzerschnittstelle des Filterbeispiels

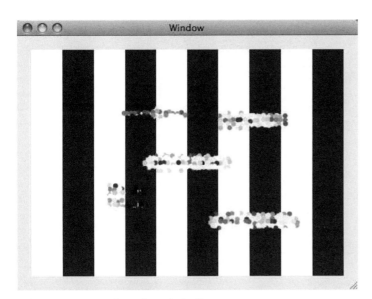

Abb. 6.3: Anwendung des Inhaltsfilters

Diesmal bleibt der Hintergrund unverändert; nur der Inhalt wird verändert. Wenn Sie die Anwendung ausführen, sollten Sie einige Sekunden lang die Änderung zwischen der starken und schwachen Punktbildung beobachten. Ich möchte zunächst den Rest der Benutzerschnittstelle und dann den Code beschreiben.

Der Pointalize-Filter zählt sicher nicht zu den Filtern, die normalerweise auf Controls angewendet werden; aber er illustriert, dass ein Filter zwar das UI unleserlich machen kann, aber nicht die Funktion der Controls stört. Sie können immer noch beide Buttons anklicken oder Popups verwenden. Abbildung 6.4 zeigt, dass der Filter nicht auf das Popup-Menü angewendet wird, weil das Menü nicht zu der View-Hierarchie der Controls-View gehört.

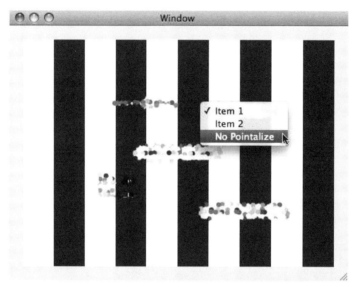

Abb. 6.4: Der Filter wird nicht auf das Popup-Menü angewendet.

Nun zu dem zugehörigen Code. Das für diesen Filter erforderliche Layer-Backing der View wird mit `setWantsLayer:` in `awakeFromNib` aktiviert. Sie könnten auch das Flag im IB setzen, aber ich mache diese Aktion lieber mit einer Codezeile explizit. Wenn Sie näher mit der Materie vertraut sind, können Sie die Technik wählen, die Ihnen genehmer ist.

```
Download FilteredViews/FilteredView/FilteredView.m
- (void)awakeFromNib {
   [controls setWantsLayer:YES];
}
```

Als Nächstes wenden Sie den `CIPointillize`-Filter an. (Achtung: Der Autor schreibt ohne Erklärung mal `Pointillize`, mal `Pointalize`; die Funktionsfähigkeit des Codes wird dadurch nicht beeinträchtigt.) Wie bei dem vorhergehenden Beispiel besteht der Code hauptsächlich aus der Einrichtung des Filters. Seine Anwendung auf die View besteht aus nur einer Codezeile. Der Filter enthält auch hier einen Namen, obwohl Sie ihn nicht animieren. Sie brauchen den Namen des Filters später, wenn Sie ihn mit der `setValue:forKeyPath:`-Methode modifizieren. (Achtung: Der Schreibfehler im Funktionsnamen, `pointalze` statt `pointalize`, ist so auch in dem Download-Code enthalten; der Code funktioniert trotzdem.)

Download FilteredViews/FilteredView/FilteredView.m

```
- (void)pointalze {
  CIVector *center = [CIVector vectorWithX:NSMidX([self bounds])
                                Y:NSMidY([self bounds])];
  CIFilter *pointalize = [CIFilter
                    filterWithName:@"CIPointillize"
                    keysAndValues:kCIInputRadiusKey,
                    [NSNumber numberWithFloat:1.0f],
                    kCIInputCenterKey, center, nil];
  pointalize.name = @"pointalize";
  [controls setContentFilters:[
      NSArray arrayWithObjects:pointillize, nil]];
}


- (IBAction)noPointalize:(id)sender {                    // A
  if(0 < [[controls contentFilters] count]) {
    [controls setContentFilters:nil];
  }
}


- (IBAction)heavyPointalize:(id)sender {                 // B
  if(nil == [controls contentFilters] ||
    0 == [[controls contentFilters] count]) {
    [self pointalze];
  }
  NSString *path = [NSString stringWithFormat:
                    @"contentFilters.pointillize.%@",
                    kCIInputRadiusKey];
  [controls setValue:[NSNumber numberWithInt:5.0f] forKeyPath:path];
}


- (IBAction)lightPointalize:(id)sender {                 // C
  if(nil == [controls contentFilters] ||
    0 == [[controls contentFilters] count]) {
    [self pointalze];
  }
  NSString *path = [NSString stringWithFormat:
                    @"contentFilters.pointillize.%@",
                    kCIInputRadiusKey];
```

```
    [controls setValue:[NSNumber numberWithInt:1.0f]
            forKeyPath:path];
}
```

In der `heavyPointalize:`-Methode (B) wird der Pointalize-Filter erstellt, falls er noch nicht existiert; dann wird sein Input-Radius auf `5.0f` gesetzt. Beachten Sie, dass der Wert mit der weiter vorne beschriebenen Key-Value-Codierung gesetzt wird. Sollte sich Ihr Filter seltsam verhalten, sollten Sie prüfen, ob Sie ihn in Ihrem Code wie hier mit KVC-Methoden modifizieren. Die `lightPointalize`-Methode (C) leistet im Grund dasselbe, setzt aber den Radius auf 1.0. Schließlich entfernt die `noPointalize`-Methode (A) die Filter komplett.

Doch wahrscheinlich werden Sie den Pointalize-Filter niemals in einer echten Anwendung auf Controls anwenden. Dieses Beispiel sollte Ihnen zeigen, was mit dem Filter möglich ist, und zwar in einer Weise, die auch beim Druck gut aussieht. In einer echten Anwendung würden Sie Filter auf Benutzerschnittstellenelemente anwenden, um die Aufmerksamkeit des Benutzers zu lenken. Als Nächstes werden Sie erfahren, wie Sie den Inhalt und den Hintergrund einer View beim Filtern kombinieren können.

6.4   Kombinationsfilter

Kombinationsfilter kombinieren den Inhalt der View und kombinieren ihn mit dem Inhalt der übergeordneten View. Der standardmäßige Kombinationstyp (der aber nicht unbedingt als Kombinationsoperation implementiert wird) ist der Source-Over-Filter, was bedeutet, dass das Vordergrundbild gemäß seiner Transparenz mit dem Hintergrundbild kombiniert wird. Je transparenter das Vordergrundbild ist, desto stärker scheint das Hintergrundbild durch. Es stehen fast zwei Dutzend Kombinationsoperationen zur Verfügung. Jede kombiniert die beiden Bilder etwas anders. Nachdem die Grundlagen anhand von Color Burn Blend Mode eingeführt worden sind, sollten Sie die anderen Optionen ausprobieren, um die Möglichkeiten auszuloten.

Color Burn Blend Mode verdunkelt den Hintergrund mithilfe der Vordergrundfarben. Das folgende Beispiel zeigt, wie dieser Kombinationsfilter angewendet wird. Abbildung 6.5 zeigt, wie die Controls in den Hintergrund »eingebrannt« sind.

Bei diesem UI füllt die Hintergrund-View einfach ihren Frame mit einer hellgrauen Farbe; und die Controls-View (die alle Buttons usw. enthält) wird mit dem Color-Burn-Blend-Mode-Filter mit der Hintergrund-View kombiniert. Der Filter verdunkelt alle Controls, wodurch das gesamte UI dunkler wird. Denken Sie jedoch daran, dass diese Controls immer noch aktiv sind und wie andere Controls verwendet werden können. In diesem Beispiel hat der REMOVE FILTER-Button die Funktion, den Filter aus der View der Controls zu entfernen. Wenn Sie diesen Button anklicken, ändert sich das Aussehen des UI (siehe Abbildung 6.6).

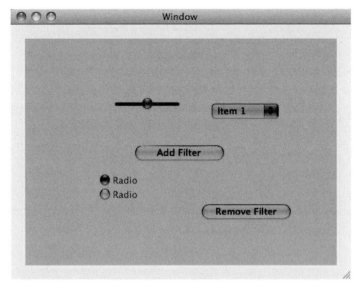

Abb. 6.5: Color-Burn-Controls im Hintergrund

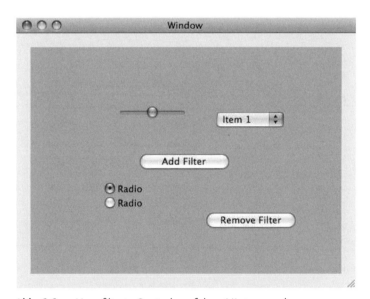

Abb. 6.6: Ungefilterte Controls auf dem Hintergrund

Hier ist der Code, mit dem dieser Filter realisiert wird:

```
Download FilteredViews/CompositedView/CompositedView.m
@implementation CompositedView
```

```objc
- (void) applyFilter {
  CIFilter *filter = [CIFilter filterWithName:@"CIColorBurnBlendMode"
                      keysAndValues:nil];
  [[controls animator] setCompositingFilter:filter];
}

- (void) removeFilter {
  [[controls animator] setCompositingFilter:nil];
}

- (void)awakeFromNib {
  [self setWantsLayer:YES];
  [self applyFilter];
}

- (IBAction)removeFilter:(id)sender {
  if(nil != [controls compositingFilter]) {
    [self removeFilter];
  }
}

- (IBAction)addFilter:(id)sender {
  if(nil == [controls compositingFilter]) {
    [self applyFilter];
  }
}

- (void)drawRect:(NSRect)rect {
  [[NSColor lightGrayColor] set];
  NSRectFill(rect);
}

@end
```

Die applyFilter-Methode in der dritten Zeile zeigt, wie leicht Filter hinzugefügt und konfiguriert werden können. Sie müssen die Hintergrund- oder Vordergrund-Bilder nicht setzen, da sie automatisch von der View gesetzt werden.

Sie können diese Effekte beliebig kombinieren. Sie sollten bei der Anwendung von Filtern in Ihrer Benutzerschnittstelle jedoch daran denken, dass die Effekte (insbesondere wenn sie auf Controls angewendet werden) den Benutzer ablenken können. Achten Sie deshalb darauf, dass die Effekte dem Benutzer einen echten Mehrwert bieten.

Damit ist die Behandlung der Cocoa-basierten Core-Animationstechniken beendet. Sie haben zahlreiche fantastische Techniken kennen gelernt, mit denen Sie Ihre Benutzerschnittstellen animieren können. Ihre nächsten Schritte führen Sie in die ganz neue Welt der dreidimensionalen Animation, die durch reine Core-Animation-Layers ermöglicht wird.

Dabei haben Sie einen großen Vorteil: Alles, was Sie bis jetzt gelernt haben, können Sie direkt auf die Beschreibung von Layers übertragen. Wie können Sie mehr als eine Animation gleichzeitig ausführen? Sie verwenden `CAAnimationGroup`, dieselbe Klasse wie für Gruppenanimationen in Views. Die Timing-, Filter- und sonstige Funktionalität lässt sich direkt auf Layers übertragen.

Kapitel 7

Core Animation

Hätten wir alle unter der Prämisse gearbeitet, dass das, was als wahr ange-
nommen wurde, wirklich wahr gewesen wäre, hätte es wenig Hoffnung auf
Fortschritt gegeben.

Orville Wright

Core Animation basierte auf einem Kernkonzept: dem *Layer* (Schicht; tatsächlich
lautete der Codename dieses Produkts ursprünglich *Layer Kit*). Ein Layer ist eine
zweidimensionale Oberfläche, die in drei Dimensionen animiert werden kann. Da
ein Layer zweidimensional ist, hat er keine Tiefe; aber da er in einem 3D-Raum
positioniert und animiert werden kann, kann er an verschiedenen Tiefenpositio-
nen einer Szene platziert werden.

Auf dieser Eigenschaft basiert das Aussehen von Anwendungen wie etwa Front
Row oder von UI-Elementen wie etwa Cover Flow in iTunes oder im Finder. Die
Icons, die sich in Front Row auf einer Platte im Kreis bewegen, wenn Sie eine Auswahl des Ausgangsbildschirms ändern, sind zweidimensionale Bilder, die auf
einer 3D-Platte angeordnet sind und dann entlang des äußeren Randes dieser
Platte verschoben werden. Cover Art in iTunes wird mit einer perspektivischen
Transformation positioniert, damit das nicht ausgewählte Album-Cover aussieht,
als stünde es, leicht gedreht, hinter dem ausgewählten Cover. Diese (und viele
andere) Treatments können nur mit Layers von Core Animation realisiert werden.

Die Kombination verschiedener Medienarten in einer View ist eine andere Funktion, die ebenfalls nur mit Layers realisierbar ist. Wollen Sie etwa in einer Anwendung Quartz-Composer-Compositions und QuickTime-Medien kombinieren und
sollen beide gleichzeitig in derselben View abgespielt werden, müssen Sie einen
Satz von Core-Animation-Layers verwenden. Dieses Kapitel beginnt mit einem
Beispiel, in dem Inhaltstypen kombiniert werden, um zu zeigen, wie leicht dies
mit Core Animation zu realisieren ist.

In diesem und den folgenden Kapiteln werden Sie eine Front-Row-ähnliche
Anwendung erstellen, um die Core-Animation-APIs kennen zu lernen. In diesem
Kapitel wird zunächst das Menü erstellt. In den folgenden Kapiteln wird dann eine
rotierende Platte mit Icons erstellt; ergänzt wird das Ganze durch ein Menü, das
mit dem Menü von Front Row vergleichbar ist. Doch zunächst müssen Sie wissen,
was Layer-hosting Views sind.

7.1   Layer-hosting Views

Layer-backed Views ähneln konzeptionell dem normalen Cocoa-View-Programmiermodell. Der Unterschied liegt darin, dass der Hintergrundspeicher für die View ein Layer ist. Abgesehen von der Tatsache, dass ein Layer zahlreiche zusätzliche Funktionen zur Verfügung stellt, gibt es keinen grundlegenden Unterschied in der Arbeit mit Views mit Layer-Backing und solchen ohne Layer-Backing. Anders ausgedrückt: Sie können über viele neue Funktionen verfügen und müssen nur wenige neue Konzepte lernen. Eine View mit Layer-Backing kontrolliert und besitzt den Layer. Doch wenn eine View einen Layer nur hostet, sind Sie als Entwickler der Besitzer und Verwalter des Layers. Dies macht Sie viel flexibler. In diesem Abschnitt lernen Sie, wie Sie layerbasierte Anwendungen in Views hosten können.

Beim Layer-Hosting müssen Sie einiges beachten. Erstens: Die View, die einen Layer hostet, sollte selbst nichts zeichnen. Zeichenoperationen werden üblicherweise ignoriert; und wenn sie abgeschlossen sind, wird die Zeichnung normalerweise sowieso von dem Layer überschrieben. Stattdessen sollten Sie anwendungsspezifische Zeichnungen in einem separaten Layer erstellen (mehr darüber später). Zweitens: Die View ist für das gesamte Event-Handling des gehosteten Layers verantwortlich. Layers sind keine `NSResponder`-Objekte; deshalb verfügen sie nicht über die Mechanismen, um auf Events zu reagieren. Stattdessen muss die View die Events bearbeiten und den Code aufrufen, der den Benutzeraktionen zugeordnet ist. Sie können jedoch Subviews in eine Layer-hosting View einfügen, wodurch das Event-Handling manchmal vereinfacht werden kann.

Im Gegensatz zu Views können Layers verschiedene Inhaltsarten hosten. Sie können Quartz-Composer-Inhalte in einen Layer und eine OpenGL-Zeichnung in einen anderen Layer einfügen und beide als Teile desselben übergeordneten Layers behandeln. Deshalb können Sie beliebige Inhalte in Ihren Benutzerschnittstellen kombinieren. Das folgende Beispiel zeigt einige Möglichkeiten der Layer-hosting Views.

Abbildung 7.1 zeigt eine Quartz-Composer-Composition, die im Hintergrund der View läuft, sowie ein `NSImageView`, das die Composition überlagert. Die Transparenz der `image`-View wurde auf 75 Prozent gesetzt, damit die Composition durchscheint. (Natürlich können Sie die Animation auf dem Papier nicht sehen. Deshalb sollten Sie das Beispiel so schnell wie möglich ausführen, um ein Gefühl dafür zu bekommen, worum es geht. Sie müssen die Ⓐ-Taste drücken, damit das Bild erscheint.)

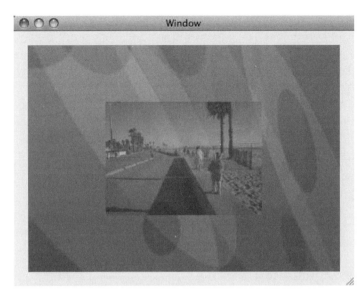

Abb. 7.1:   Quartz-Composer-Hintergrund

Bevor es Layers gab, war es sehr schwierig, diese Effekte zu erzielen. Man musste ein transparentes Fenster erstellen, um das NSImageView zu hosten, und dann dieses Fenster mit dem darunter liegenden Fenster synchronisieren. Der erforderliche Code war umfangreich und komplex. Jetzt können Sie dieselbe Aufgabe in drei oder vier Codezeilen erledigen.

Hier ist der Code:

```
Download CoreAnimation/QCBackground/SharedContentView.m
- (CALayer *)makeCompositionLayer {
  QCCompositionRepository *repo =
      [QCCompositionRepository sharedCompositionRepository];
  QCComposition *composition =
      [repo compositionWithIdentifier:@"/moving shapes"];
  QCCompositionLayer *compLayer =                                // A
      [QCCompositionLayer compositionLayerWithComposition:composition];
  CGColorRef cgcolor = CGColorCreateGenericRGB(0.25f, 0.675, 0.1, 1.0);
  [compLayer setValue:(id)cgcolor
      forKeyPath:[NSString stringWithFormat:@"patch.%@.value",
                  QCCompositionInputPrimaryColorKey]];
  [compLayer setValue:[NSNumber numberWithFloat:5.0f]
      forKeyPath:[NSString stringWithFormat:@"patch.%@.value",
                  QCCompositionInputPaceKey]];
  CGColorRelease(cgcolor);
  return compLayer;
}
```

Der Layer wird in der `makeCompositionLayer`-Methode erstellt (A). Der meiste Code hat damit zu tun, die Composition aus dem Composition-Repository abzurufen und zu konfigurieren. Nachdem die `composition` fertig ist, kann der Layer in einer einzigen Codezeile erstellt werden. Beachten Sie, dass eine spezielle Unterklasse von `CALayer`, nämlich `QCCompositionLayer`, erstellt wird, um die `composition` zu hosten. Dieser Typ ist speziell auf Quartz-Composer-Compositions abgestimmt und handhabt die gesamte Komplexität der Ausführung der Composition für Sie. Es gibt andere Layer-Typen speziell für OpenGL- oder QuickTime-Inhalte, die Sie bei Bedarf einsetzen sollten.

Ich hoffe, dass dieses kleine Beispiel Ihr Interesse an Layers und ihren Möglichkeiten, sehr interessante Benutzerschnittstellen zu gestalten, geweckt hat. Im Rest dieses Kapitels geht es um die Details der Erstellung von `CALayer`-basierten Benutzerschnittstellen.

7.2 UIs mit Layers gestalten

In Cocoa werden Benutzerschnittstellen erstellt, indem Sie Views in einer Hierarchie zusammensetzen, die einen Satz von Controls wie etwa Buttons und Sliders sowie anwendungsspezifische Views repräsentiert. Zusammen bilden diese Views die Benutzerschnittstelle. Die Views können Events verarbeiten und auf Benutzeraktionen reagieren, indem sie die Darstellung auffrischen oder eine Anwendungsaktion aufrufen. Core Animation baut auf diesem vertrauten Paradigma auf, indem es die Elemente in einem Baum anordnet. Layers verfügen über Sublayers (untergeordnete Layers) und einen Superlayer (übergeordneter Layer), die den `NSView`-Gegenstücken von Subviews und der übergeordneten View entsprechen. Sollten Sie also bereits mit der View-Hierarchie vertraut sein, werden Sie keine Schwierigkeiten haben, die Layer-Hierarchie zu verstehen.

Zusätzlich zu dem Layer-Tree lernen Sie auch die Stil-Properties von Layers kennen. Layers verfügen über zahlreiche Properties, mit denen Sie ihren Stil und ihr Aussehen kontrollieren können. Beispielsweise kann ein Layer einen Rahmen und abgerundete Ecken haben. Alle diese Properties können animiert werden (mehr darüber später in diesem Abschnitt).

Außerdem wird das Koordinatensystem von Layers ausführlich beschrieben. Einige Dinge funktionieren möglicherweise etwas anders, als Sie erwarten. Deshalb werden diese Konzepte detailliert beschrieben. Sie erfahren auch, wie die Layers in Ihre 3D-Welt passen und wie sie im 3D-Raum manipuliert werden. Zunächst müssen Sie wissen, wie Layers im Layer-Tree funktionieren.

7.3 Layers in Bäumen organisieren

Jeder Layer kann einen Superlayer und beliebig viele Sublayers haben. Insgesamt bildet die Struktur einen Baum mit einem Root-Layer (dem Layer ohne Superlayer) als Wurzel. Die Sublayers bilden diverse Zweige, bis schließlich ein Layer ohne Sublayers (manchmal auch *Leaves*, Blätter, genannt) erreicht wird. Abbildung 7.2 zeigt den Layer-Tree für das Menü einer Anwendung wie etwa Front Row.

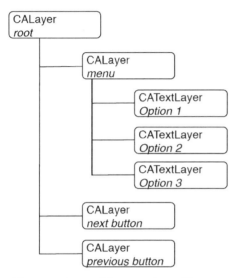

Abb. 7.2:   Beispiel für einen Layer-Tree

Der Root-Layer (mit dem Label *root*) befindet sich oben links. Er hat drei Sublayers (*menu*, `next button` und `previous button`). Der *menu*-Layer hat ebenfalls drei Sublayers (`Option 1`, `Option 2` und `Option 3`). Hier ist der Code für diesen Layer-Tree:

```
Download CoreAnimation/SimpleMenu/MyController.m
- (void)awakeFromNib{
  CALayer *layer = [CALayer layer];
  layer.backgroundColor= [self black];
  [viewsetLayer:layer];
  [viewsetWantsLayer:YES];
  [view.layeraddSublayer:[self menuLayer]];
}
```

In der `awakeFromNib`-Methode in der ersten Zeile wird der Root-Layer mit einem schwarzen Hintergrund konfiguriert. Sie können hier nicht einfach eine `NSColor` verwenden, anstatt eine anwendungsspezifische Methode aufzurufen, weil Layers mit den Datentypen von Quartz und nicht mit ihren AppKit-Entsprechungen arbeiten. Der Code für die Erstellung der Quartz-Farben wird etwas später beschrieben.

Nachdem der Layer konfiguriert wurde, wird er zu der View hinzugefügt. Beachten Sie hier die Reihenfolge: Erst wird der Layer für die View erstellt; dann wird die View mit dem Layer verbunden. In umgekehrter Reihenfolge würde die View einen eigenen Layer erstellen, der dann beim nächsten Methodenaufruf verworfen werden würde. Deshalb ist es besser, diese beiden Methoden in der gezeigten Reihenfolge aufzurufen. Indem Sie der View den Layer zur Verfügung stellen, erstellen Sie eine Layer-hosting View. Normalerweise erstellt die View keine Zeichnungen und reagiert nur auf Events. Tatsächlich verwenden Sie in diesem Fall noch nicht einmal eine anwendungsspezifische View. Die View ist einfach eine Instanz von NSView. Später, wenn dieses Beispiel ausgebaut wird, werden Sie zur Verarbeitung der Events eine anwendungsspezifische Unterklasse verwenden.

Schließlich fügen wir nach der Einrichtung des Root-Layers den Menü-Layer hinzu. Sie brauchen weder Größe noch Position noch andere Layout-Attribute des Root-Layers zu setzen, weil die View Ihnen diese Einstellungen abnimmt. Es ist wichtig, dass Sie daran denken, wenn Sie ein layerbasiertes UI erstellen. Oft vergessen Entwickler, dass nur das Layout des Root-Layers automatisch erfolgt. Dann werden Sublayers nicht gezeichnet oder an falschen Positionen dargestellt. Das Layout wird später in diesem Kapitel ausführlich behandelt.

Download CoreAnimation/SimpleMenu/MyController.m

```objc
- (CALayer *)menuLayer {
  CGFloat offset = 10.0f;
  CALayer *menu = [CALayer layer];
  menu.name = @"menu";
  NSRect bounds = [view bounds];
  NSRect rect = NSInsetRect(bounds, bounds.size.width / 4.0f, offset);
  rect.origin.x += bounds.size.width / 4.0f - offset;
  menu.frame = NSRectToCGRect(rect);
  menu.borderWidth = 2.0f;
  menu.borderColor = [self white];
  NSArray *names = [NSArray arrayWithObjects:
                    @"Option 1", @"Option 2", @"Option 3", nil];
  NSArray *items = [self menuItemsFromNames:names
                                    offset:offset
                                      size:menu.frame.size];
  [menu setSublayers:items];
  return menu;
}
```

Die menuLayer-Methode in der ersten Zeile erstellt und konfiguriert den Layer für das Menü. Zuerst wird das Offset zwischen Layers und dem oberen Rand und der Seite des Parent-Layers initialisiert. (Anders ausgedrückt: Es wird der Abstand zwischen den Rändern des Menü-Layers und der ersten Option in dem Menü sowie der Abstand zwischen den anderen Optionen festgelegt.) Als Nächstes wird das Menü erstellt und benannt. Eine Benennung der Layers ist nicht erforderlich, hilft aber beim Debuggen und Layout; deshalb gebe ich meinen Layers normalerweise einen Namen.

Text-Layers und Strings

Sie können mit einem CATextLayer erheblich mehr tun, als dieses einfache Beispiel zeigt. Sie könnten etwa anstelle eines einfachen NSString-Objekts mit einer einzigen Schriftart und Farbe einen NSAttributed-String verwenden, der sehr viel mehr Gestaltungsmöglichkeiten bietet. Wie im Haupttext erwähnt, ist CATextLayer zwar keine ausgewachsene Layout-Engine, kann aber mehr, als einfach einen String mit einer einzigen Schriftart und Farbe anzuzeigen. Wenn in Ihrer Anwendung fortgeschrittenere Möglichkeiten der Textgestaltung gefragt sind, sollten Sie prüfen, ob Sie mit dem NSAttributed-String weiterkommen, bevor Sie auf die Zeichentechniken zurückgreifen, die später in diesem Kapitel behandelt werden.

Ein weiterer Aspekt des Text-Layers, der in diesem Beispiel ebenfalls nicht zur Geltung kommt, ist das Abkürzen des Strings. Da bekannt ist, dass die Menü-Element-Strings von der Länge her in den Menü-Layer passen, ist dies hier kein Thema. Aber in eigenen Anwendungen können Sie die truncationMode-Property des Text-Layers auf kCATruncationStart, kCATruncationEnd oder kCA-TruncationMiddle setzen, damit der Layer Strings automatisch auf die gesetzte Länge kürzt.

Als Nächstes wird ein Frame für das Menü berechnet. Der Menü-Layer sollte die rechte Hälfte des Parent-Layers bedecken und einen Offset vom oberen und unteren Rand haben. Die NSInsetRect-Funktion erledigt die erforderlichen Berechnungen. Im Grunde schrumpft sie das Rechteck um die Hälfte der ersten beiden Argumente (Breite und Höhe) und verschiebt dann seinen Ursprung. Netto bleibt der Mittelpunkt des Rechtecks an derselben Stelle, während sein Rest schrumpft. Als Nächstes wird der Layer auf die rechte Seite des Root-Layers verschoben; schließlich wird das Frame gesetzt. Das Layout manuell auszuführen, ist etwas mühsam; doch oft gibt es keine andere Möglichkeit, genau den gewünschten Effekt zu erzielen. Deshalb müssen Sie diese Methode kennen. Ist ein genaues Layout nicht so wichtig, gibt es einfachere Methoden: Layout-Manager (mehr darüber etwas später).

Als Nächstes werden Rahmenfarbe und -breite gesetzt. Obwohl dies bei einer echten Benutzerschnittstelle oft nicht erforderlich ist, ist es beim Debuggen sehr nützlich. Wenn der Rahmen gesetzt ist, können Sie genau erkennen, wo sich der Layer befindet. Web-Entwickler wenden diese Technik recht häufig an, um Layout-Bugs zu finden.

```objc
Download CoreAnimation/SimpleMenu/MyController.m
- (NSArray *)menuItemsFromNames:(NSArray *)itemNames
                      offset:(CGFloat)offset
                        size:(CGSize)size {
  NSMutableArray *menuItems = [NSMutableArray array];
  CGFloat fontSize = 24.0f;
  NSFont *font = [NSFont boldSystemFontOfSize:fontSize];        // A
  int counter = 1;
  for(NSString *itemName in itemNames) {
    CATextLayer *layer = [CATextLayer layer];
    layer.string = itemName;
    layer.name = itemName;
    layer.foregroundColor = [self white];
    layer.font = font;
    layer.fontSize = fontSize;
    layer.alignmentMode = kCAAlignmentCenter;
    CGSize preferredSize = [layer preferredFrameSize];
    CGFloat width = (size.width - preferredSize.width) / 2.0f;
    CGFloat height = size.height -
    counter * (offset + preferredSize.height);
    layer.frame = CGRectMake(width, height,
                          preferredSize.width, preferredSize.height);
    [menuItems addObject:layer];
    counter++;
  }
  return menuItems;
}
```

Dann werden die Menü-Elemente erstellt und als Sublayers hinzugefügt. Die Erstellung beginnt bei (A). Zuerst wird die fette System-Schriftart mit einer Größe von 24 abgerufen, damit das Menü gut lesbar ist. Dann werden die Namen durchlaufen. Für jeden Namen wird ein neuer Layer erstellt. Bei diesem Schritt wird eine Unterklasse von CALayer namens CATextLayer verwendet. Der Text-Layer eignet sich für die meisten textbezogenen Layout-Aufgaben in diesen Beispielen. Es handelt sich allerdings nicht um eine ausgewachsene Layout-Engine für Text. Wenn Sie also Text entlang eines Pfades anzeigen wollen, müssen Sie auf fortgeschrittenere Techniken zurückgreifen (was später in diesem Kapitel gezeigt wird). Dann werden der String und der Name für den Layer gesetzt. Die string-Property enthält den darzustellenden String. Dann werden Schriftart und foregroundColor gesetzt (auch hier ist die Farbe eine Quartz-Farbe; der Code wird etwas später gezeigt).

Der nächste Schritt erfordert einige Layout-Berechnungen. Mit den Layout-Management-Funktionen im nächsten Abschnitt wird dies nicht mehr erforderlich sein. Doch im Moment sollten Sie die preferredSize-Methode am Ende dieses Codes beachten. Der CATextLayer berechnet anhand der Schriftart und des Strings die erforderliche Größe des Layers, um den Text komplett anzeigen zu können. Sie sparen damit viel Code und Mühe. Es ist zwar nicht schwer, aber mühsam und fehleranfällig, den für einen String erforderlichen Platz zu berechnen.

Hier ist schließlich noch der Code für die Erstellung der verwendeten Farben:

```
Download CoreAnimation/SimpleMenu/MyController.m
- (CGColorSpaceRef)genericRGBSpace {                          // A
  static CGColorSpaceRef space = NULL;
  if(NULL == space) {
    space = CGColorSpaceCreateWithName (kCGColorSpaceGenericRGB);
  }
  return space;
}

- (CGColorRef)black {                                         // B
  static CGColorRef black = NULL;
  if(black == NULL) {
    CGFloat values[4] = {0.0, 0.0, 0.0, 1.0};
    black = CGColorCreate([self genericRGBSpace], values);
  }
  return black;
}
```

Die genericRGBSpace-Methode (A) erstellt (falls erforderlich) den RGB-Farbraum und gibt ihn dann zurück. Ein Farbraum definiert die Grenzen der darstellbaren Farben. Der generische RGB-Farbraum ist für Bildschirmfarben geeignet. Bei anspruchsvolleren Farbdarstellungen sollten Sie auch andere mögliche Farbräume prüfen. Die black-Methode (B) erstellt (falls erforderlich) die gleichnamige Farbe. Üblicherweise füge ich den Code zur Erstellung von Farben in eine Utility-Klasse ein, um ihn zentral an einer Stelle zu verwalten.

Damit ist die erste layerbasierte Benutzerschnittstelle fertig. Sie tut noch nicht viel, aber das ist in Ordnung. In den folgenden Abschnitten fügen Sie immer mehr Funktionen zu dieser Anwendung hinzu, um ihr Aussehen an Front Row anzunähern. Im nächsten Abschnitt werden das Layout von Layers mit dem eingebauten Layout-Mechanismus sowie die Erstellung eines eigenen Layout-Schemas behandelt. Sie werden den Code mit dem Layout-Manager vereinfachen, bevor Sie das Scrolling implementieren.

7.4 Layer-Layout mit Constraints

Wie das vorhergehende Beispiel gezeigt hat, können Sie das Layout Ihrer Layers leicht manuell durchführen. Der Code ist zwar einfach, aber er ist auch mühsam und fehleranfällig. Ein anderer Aspekt des manuellen Layouts, der in dem vorhergehenden Beispiel nicht zur Sprache kam, ist die Änderung der Größe der View (und damit des Root-Layers). Wenn die Größe des Root-Layers geändert wird, werden die Layers mit einem manuellen Layout nicht in der Größe geändert oder verschoben. Deshalb wird Ihr Layout danach recht seltsam aussehen. Die einfachste Lösung für dieses Problem besteht darin, die Layers mit einer Instanz von `CAConstraintLayoutManager` zu layouten. In diesem Abschnitt werden Sie erfahren, wie Sie mit dieser Klasse dafür sorgen können, dass Ihre Layers konsistent dargestellt werden, auch wenn die Größe des Layers geändert wird. Außerdem vereinfacht ein Layout-Manager nicht nur die Größenänderung, sondern macht auch den Layout-Code erheblich übersichtlicher.

Der `CAConstraintLayoutManager` arbeitet nach dem Prinzip, verschiedene Properties von Layers von anderen Layers abhängig zu machen. Die Idee ähnelt dem Size-Inspektor im Interface Builder für Views, Seiten, Breiten usw., die aneinander »gebunden« werden. Im Constraint-System des `CAConstraintLayoutManager`s werden pro Achse (horizontal und vertikal) jeweils vier Properties bestimmter Constraints (Einschränkungen, Bedingungen) definiert. Abbildung 7.3 zeigt die Constraints der horizontalen Achse.

Mit den Constraints der horizontalen Achse können Sie das Layout der Layers entlang dieser Achse kontrollieren. Ähnliche Constraints gibt es für die vertikale Achse. Sie kontrollieren das vertikale Layout (siehe Abbildung 7.4).

Zusammen können Sie mit diesen Constraints das Layout der Layers in Ihren Anwendungen ziemlich genau kontrollieren. Jedes Constraint repräsentiert einen konzeptionellen Punkt auf dem Layer, der mit einem anderen konzeptionellen Punkt auf einem anderen Layer (entweder einem gleichgeordneten oder einem übergeordneten Layer in dem Layer-Tree) verknüpft werden kann. So können Sie etwa zwei gleichgeordnete Layers so einschränken, dass sie denselben minimalen X-Wert haben, indem Sie bei beiden das `kCAConstraintMinX`-Constraint auf das `kCAConstraintMinX`-Attribut ihres übergeordneten Layers setzen.

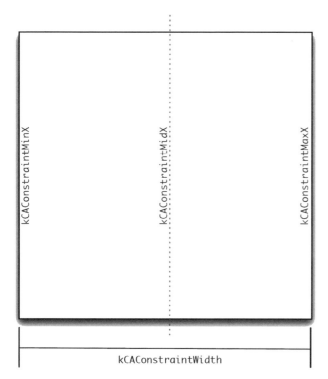

Abb. 7.3: Constraints der X-Achse

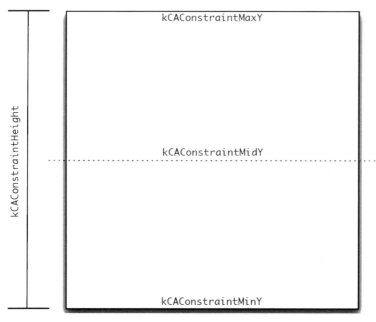

Abb. 7.4: Constraints der Y-Achse

Das Layout der Layers wird nicht direkt aufgerufen. Stattdessen rufen Sie die Methode `setNeedsLayout` auf (oder sie wird automatisch von dem Layer aufgerufen, wenn aufgrund einer Änderung ein Relayout erforderlich ist). Ein Aufruf der `setNeedsLayout`-Methode »plant« das Layout des Layers ein und löst beim nächsten Durchgang durch die Event-Schleife einen Aufruf des Layout-Managers aus. Obwohl dieses Detail für Sie normalerweise unwichtig ist, müssen Sie manchmal den genauen Zeitpunkt des Layoutvorgangs kennen. Oft ist das Layout beim Start einer Anwendung problematisch. In einem Beispiel später in diesem Kapitel werden diese Probleme ausführlicher beschrieben. Inzwischen ist die beste Methode, das Layout besser zu verstehen, das Studium des Codes:

Download CoreAnimation/SimpleMenuLayout/MyControllerLayout.m

```
- (void)awakeFromNib {
  CALayer *layer = [CALayer layer];
  layer.backgroundColor = [self black];
  layer.layoutManager = [CAConstraintLayoutManager layoutManager]; // A
  [view setLayer:layer];
  [view setWantsLayer:YES];
  [view.layer addSublayer:[self menuLayer]];
}
```

Die `awakeFromNib`-Methode hat sich gegenüber dem vorhergehenden Beispiel nicht viel geändert. Es ist nur der `layoutManager` hinzugekommen (A). Die Zeile stellt die Verbindung zwischen dem Layout-Manager und dem Layer her. Jetzt wird das Layout aller Sublayers, die mit Constraints hinzugefügt werden (siehe den folgenden Code), automatisch von diesem Manager erledigt:

Download CoreAnimation/SimpleMenuLayout/MyControllerLayout.m

```
- (CALayer *)menuLayer {
  CGFloat offset = 10.0f;
  CALayer *menu = [CALayer layer];
  menu.name = @"menu";
  [menu addConstraint: [CAConstraint                          // A
      constraintWithAttribute:kCAConstraintMinX
                relativeTo:@"superlayer"
                attribute:kCAConstraintMidX]];
  [menu addConstraint: [CAConstraint                          // B
      constraintWithAttribute:kCAConstraintMaxX
                relativeTo:@"superlayer"
                attribute:kCAConstraintMaxX
                    offset:-offset]];                          // C
  [menu addConstraint: [CAConstraint
      constraintWithAttribute:kCAConstraintMinY
```

```
                     relativeTo:@"superlayer"
                     attribute:kCAConstraintMinY
                         offset:offset]];
  [menu addConstraint: [CAConstraint
       constraintWithAttribute:kCAConstraintMaxY
                     relativeTo:@"superlayer"
                     attribute:kCAConstraintMaxY
                         offset:-offset]];
  menu.borderWidth = 2.0f;
  menu.borderColor = [self white];
  menu.layoutManager = [CAConstraintLayoutManager layoutManager];

  NSArray *names = [NSArray arrayWithObjects:
                  @"Option 1", @"Option 2", @"Option 3", nil]];
  NSArray *items = [self menuItemsFromNames:names
                                     offset:offset];
  [menu setSublayers:items];

  return menu;
}
```

Die menuLayer-Methode zeigt die Constraints in Aktion. In dieser Methode wurde nur das NSRect-basierte Layout durch ein Constraints-basiertes Layout ersetzt. Das erste Constraint (A) schränkt den minimalen X-Wert des Menü-Layers relativ zu dem Mid-X-Punkt seines übergeordneten Layers ein. Anders ausgedrückt: Der linke Rand des Menü-Layers sollte dem Midpoint des Root-Layers entsprechen. Das nächste Constraint (B) schränkt den maximalen X-Wert des Menü-Layers ein. Er soll mit dem maximalen X-Wert des übergeordneten Layers (in diesem Fall des Root-Layers) zusammenfallen. Das zusätzliche offset-Argument (C) schreibt außerdem vor, dass das Constraint durchgesetzt, aber um den Wert des Arguments verschoben werden soll. Der folgende Code zeigt die Erstellung der Layers der Menü-Elemente:

Download CoreAnimation/SimpleMenuLayout/MyControllerLayout.m

```
- (NSArray *)menuItemsFromNames:(NSArray *)itemNames
                         offset:(CGFloat)offset {
  NSMutableArray *menuItems = [NSMutableArray array];
  NSFont *font = [NSFont boldSystemFontOfSize:18.0f];
  int counter = 0;
  for(NSString *itemName in itemNames) {
    CATextLayer *layer = [CATextLayer layer];
    layer.string = itemName;
```

```
layer.name = itemName;
layer.foregroundColor = [self white];
layer.font = font;
layer.alignmentMode = kCAAlignmentCenter;
[layer addConstraint:
    [CAConstraint constraintWithAttribute:kCAConstraintMidX
                        relativeTo:@"superlayer"
                        attribute:kCAConstraintMidX]];
[layer addConstraint:
    [CAConstraint constraintWithAttribute:kCAConstraintWidth
                        relativeTo:@"superlayer"
                        attribute:kCAConstraintWidth
                        offset:-2.0f * offset]];
if(counter == 0) {
  [layer addConstraint:
  [CAConstraint constraintWithAttribute:kCAConstraintMaxY
                      relativeTo:@"superlayer"
                      attribute:kCAConstraintMaxY
                      offset:-offset]];
} else {
  NSString *previousLayerName = [itemNames objectAtIndex:counter - 1];
  [layer addConstraint:
      [CAConstraint constraintWithAttribute:kCAConstraintMaxY
                          relativeTo:previousLayerName
                          attribute:kCAConstraintMinY
                          offset:-offset]];
}
[menuItems addObject:layer];
counter++;
}
return menuItems;
}
```

Aus der menuItemsFromNames:offset:-Methode wurde das size-Argument entfernt. Es wird für das Layout nicht mehr benötigt. Die ersten beiden Constraints
konfigurieren die horizontale Achse der Menü-Elemente. Da alle Elemente dieselbe Position auf der horizontalen Achse haben, können sie alle auf dieselbe
Weise konfiguriert werden. Als Nächstes wird der Sonderfall des ersten Elements
behandelt, weil es an den Menü-Layer auf der vertikalen Achse gebunden ist.
Schließlich werden die restlichen Elemente an den jeweils vorhergehenden Layer
gebunden. Wichtig ist hierbei (natürlich neben den Constraints), dass der Name
des jeweils vorhergehenden Layers mit dem relativeTo:-Argument angegeben
wird. An dieser Stelle haben die Namen der Layers auch über das Debugging hin-

aus eine Bedeutung. Dieser Name ist derselbe Name, den Sie dem Layer weiter vorne mit der name-Property zugewiesen haben.

Dieser Code enthält einige Codezeilen mehr als das vorhergehende Beispiel. Diese zusätzlichen drei oder vier Zeilen ermöglichen es, die Größe des Layers zu ändern. Das Layout bleibt so weit wie möglich konstant. (Anders ausgedrückt: Wenn der Layer zu stark schrumpft, kann der Text möglicherweise nicht mehr vollständig angezeigt werden.)

In diesem Kapitel wurden die Grundlagen der Arbeit mit Layers gelegt. Layers existieren in einem Baum, der über einen definierten 3D-Koordinatenraum verfügt. Diese Objekte haben eine bestimmte Geometrie, die mit dem CAConstraintLayoutManager oder einem eigenen Layout-Manager konfiguriert und eingeschränkt werden kann. Bis jetzt haben Sie gerade mal die Oberfläche der Arbeit mit Layers angekratzt. In Kapitel 10, *Layers in 3D*, werden Sie an der Front-Row-ähnlichen Anwendung weiterarbeiten und einige Animationen und 3D-Effekte in die Anwendung einbauen, um Erfahrungen mit einigen mächtigeren Aspekten der Layers zu sammeln.

Nachdem Sie Layout-Manager in Aktion gesehen und ihre Konfiguration kennen gelernt haben, können Sie sich mit dem Scrolling befassen. Dadurch werden Anwendungen etwas komplexer; aber der Benutzer kann damit mehr Inhalte vernünftig und einfach handhaben. Vom Konzept her entspricht das Scrolling mit Core Animation dem Scrolling in AppKit. Die Details unterscheiden sich ein wenig. Die Scrolling-APIs für Layers sind etwas systemnäher, aber unkompliziert zu lernen.

Kapitel 8

Core-Animation-Layers

Wenn eine Mutter bei der Geburt eines Kindes eine gütige Fee bitten könnte, es mit der nützlichsten Gabe auszustatten, sollte sie um Neugier bitten.

Eleanor Roosevelt

Im vorhergehenden Kapitel wurden Layer-hosting Views eingeführt. Hier wird dieses Thema vertieft und um neue Funktionen erweitert. Sie werden sehen, dass Sie Ihre früher erworbenen Kenntnisse über Layer-backed Views und Animationsarten fast direkt auf Layers übertragen können. Wo dies nicht der Fall ist, gehe ich natürlich auf die Details ein. Andere Dinge, wie etwa das CAMediaTiming-Protokoll, wurden überhaupt noch nicht angesprochen. Im Laufe dieses Kapitels werden Sie die Details, die den Layers und den auf sie angewendeten Animationen zugrundeliegen, auf einer ganz neuen Ebene verstehen lernen.

8.1 Animationsarten und Layers

Zunächst wenden Sie die bisher erworbenen Kenntnisse auf eine rein layerbasierte Lösung an. Zu diesem Zweck werden Sie ein altes Beispiel aus Abschnitt 3.2, *Keyframe-Animationen*, in eine layerbasierte Lösung umwandeln. Da diese Anwendung wirklich einfach ist, zeigt Ihnen das Ergebnis deutlich die größeren und kleineren Unterschiede zwischen einer AppKit-Lösung und einer layerbasierten Lösung. Da beide Ansätze viel Code gemeinsam haben, werden nur die Unterschiede beschrieben, während die Gemeinsamkeiten nur kurz erwähnt werden.

Ein wesentlicher Unterschied besteht in der Verwaltung von Bildern: Bei einer viewbasierten Animation wird die NSImageView-Klasse verwendet. Bei einer layerbasierten Animation wird eine CGImageRef erstellt, die in der contents-Property des Layers gespeichert wird. (Mehr über die contents-Property erfahren Sie später in diesem Kapitel.)

Die Erstellung einer CGImageRef ist unkompliziert:

```
Download CoreAnimationLayers/AnimationTypes/MyView.m
- (CGImageRef)beach {
  if(beach == NULL) {
    NSString *path = [[NSBundle mainBundle] pathForResource:@"beach" // A
                                        ofType:@"jpg"];
```

```
   NSURL *beachURL = [NSURL fileURLWithPath:path];                // B
   CGImageSourceRef src =
       CGImageSourceCreateWithURL((CFURLRef)beachURL, NULL);
   if(NULL != src) {
     beach = CGImageSourceCreateImageAtIndex(src, 0, NULL);
     CFRelease(src);
   }
 }
 return beach;
}
```

In der beach-Methode wird die Datei beach.jpg aus dem Anwendungs-Bundle abgerufen und als CGImageRef geladen. Zunächst wird die Datei lokalisiert (A); dann wird der URL konstruiert (B). Der URL wird in eine CFURLRef gecastet und (wunderbar, weil es aufwandslos funktioniert) zur Erstellung einer CGImageSource-Ref verwendet. Verläuft alles glatt, wird mit der Funktion CGImageSourceCre-ateImageAtIndex() ein Bild erstellt. Für eine komplette Beschreibung von CGImage ist hier kein Platz. Näheres können Sie dem Quartz-Buch ([GLo6]) entnehmen.

Ist das Bild fertig, können Sie die contents-Property des Layers setzen:

Download CoreAnimationLayers/AnimationTypes/MyView.m

```
- (CALayer *)photoLayer {
  if(nil == photoLayer) {
    photoLayer = [CALayer layer];
    photoLayer.contents = (id)self.beach;                        // A
    photoLayer.bounds = CGRectMake(0.0f, 0.0f, 280.0f, 210.0f);
    photoLayer.position = CGPointMake(NSMidX([self bounds]),
                                      NSMidY([self bounds]));
    photoLayer.name = @"photo";
    [self.layer addSublayer:photoLayer];
  }
  return photoLayer;
}
```

In dieser Methode wird ein Layer für das Foto erstellt. Es ist die Grundlage für die spätere Animation. Die contents-Property der View wird gesetzt (A). Der Layer stellt den Inhalt von contents und damit das Bild dar. Die Darstellung in einem Layer ähnelt der in einer View (zwar wird nicht drawRect:, sondern drawInCon-text: aufgerufen, aber das Konzept stimmt überein). Die contents-Property des Layers zu setzen oder mit der drawLayer:inContext:-Methode per Delegation in dem Layer zu zeichnen, ist viel gebräuchlicher, als eine Unterklasse von CALayer zu erstellen. Beachten Sie auch, dass bounds und position des Layers gesetzt werden. Standardmäßig haben beide Properties aller Elemente den Wert null (anders ausgedrückt: bounds hat die Standardwerte {{0.0f, 0.0f}, {0.0f, 0.0f}}). Da bounds den Standardwert null hat, sehen Sie den Layer nur, wenn Sie bounds ändern.

Als Nächstes wird die photoLayer-Methode aus der awakeFromNib-Methode heraus aufgerufen:

```
Download CoreAnimationLayers/AnimationTypes/MyView.m
- (void)awakeFromNib {
  [self setLayer:[CALayer layer]];
  self.layer.backgroundColor = [self black];
  [self setWantsLayer:YES];
  [self photoLayer];
}
```

In dieser Methode wird der von der View gehostete Layer erstellt; dann wird seine Hintergrundfarbe gesetzt. Mit dem Aufruf der photoLayer-Methode wird der photoLayer erstellt und als Sublayer eingefügt. Diese Methode unterscheidet sich von der Arbeit mit Views. So haben Sie in dem Keyframe-Beispiel in Kapitel 3 eine NSImageView erstellt und sie in der initWithFrame:-Methode als Subview hinzugefügt. Diese Methode eignet sich zwar zur Konfiguration einer View-Hierarchie, aber nicht zur Konfiguration der Layer-Hierarchie in einer Layer-hosting View.

Wenn Sie eine View aus einer NIB-Datei laden, wird initWithFrame: früh im Ladeprozess aufgerufen. Wenn die View dann (später in dem Prozess) tatsächlich aus der NIB-Datei eingelesen wird, werden ihre Properties, einschließlich wantsLayer, gesetzt. Deshalb hat die wantsLayer-Property standardmäßig den Wert NO, wenn die View aus der NIB-Datei geladen wird, nachdem die Layer-Hierarchie in initWithFrame: konfiguriert worden ist. Dadurch wird der Layer mit der gesamten Hierarchie entfernt. Um dies zu verhindern, sollten Sie Ihre Layers in der awakeFromNib-Methode Ihrer anwendungsspezifischen View konfigurieren. Es ist verwirrend, eine leere View anzustarren, wenn der Code korrekt aussieht. Denken Sie daran, wenn Sie den Code zur Konfiguration der Layer-Hierarchie schreiben.

Pfad und Erstellung der Animation sind bei beiden Ansätzen gleich.

```
Download CoreAnimationLayers/AnimationTypes/MyView.m
- (CGPathRef)heartPath {
  CGPoint position = [photoLayer position];
  if(heartPath == NULL) {
    CGFloat offset = 50.0f;
    heartPath = CGPathCreateMutable();
```

```
   CGPathMoveToPoint(heartPath, NULL, position.x, position.y);
   CGPathAddLineToPoint(heartPath, NULL, position.x - offset,
                        position.y + offset);
   CGPathAddLineToPoint(heartPath, NULL, position.x,
                        position.y - 2.0f * offset);
   CGPathAddLineToPoint(heartPath, NULL, position.x + offset,
                        position.y + offset);
   CGPathAddLineToPoint(heartPath, NULL, position.x, position.y);
   CGPathCloseSubpath(heartPath);
 }
 return heartPath;
}

- (CAKeyframeAnimation *)positionAnimation {
  if(nil == positionAnimation) {
    positionAnimation = [CAKeyframeAnimation animation];
    positionAnimation.path = self.heartPath;
    positionAnimation.duration = 2.0f;
    positionAnimation.calculationMode = kCAAnimationPaced;
    [positionAnimation retain];
  }
  return positionAnimation;
}
```

Im Vergleich zu dem Code in Abschnitt 3.2 wurde hier nur die Animation in `positionAnimation` umbenannt, da nicht der Ursprung des Layers, sondern seine Position animiert wird. Ein Layer hat eine `frame`-Property; doch im Gegensatz zu einer View ist diese von `position`, `bounds`, `anchorPoint` und `transform` abgeleitet.

Eine kurze Anmerkung zur Entwicklung: Lassen Sie sich nicht entmutigen, wenn nicht gleich alles funktioniert. Layers unterscheiden sich in einigen Aspekten von Views; und manchmal müssen Sie Ihre Vorgehensweise bei Layers überdenken, um Stellen im Code zu finden, die nicht erwartungsgemäß funktionieren.

Hier ist schließlich der Code, mit dem die Animation angewendet wird:

Download CoreAnimationLayers/AnimationTypes/MyView.m

```
- (void)bounce {
  [self.photoLayer addAnimation:self.positionAnimation
   forKey:@"position"];
}
```

Im Gegensatz zu den Views wird die Animation nicht in ein `animations`-Dictionary eingefügt, sondern mit `addAnimation:forKey:` dem Layer zugewiesen.

Dies verweist auf einen weiteren Unterschied zwischen Layers und Views: Layers animieren implizit alle ihre Properties. Wenn Sie die Position eines Layers setzen, wird diese Operation standardmäßig animiert, während Sie bei Views zu diesem Zweck einen Proxy bemühen mussten.

Wenn Sie eine Animation zu einem Layer hinzufügen, wird sie automatisch sofort gestartet. Anders ausgedrückt: Der Aufruf von addAnimation:forKey: startet eine Animation. Wenn Sie dagegen bei einer View eine Animation in das animations-Dictionary einfügen, wird die View nur animiert, wenn die dem Key entsprechende Property geändert wurde. Dies ist ein subtiler Unterschied, den Sie nicht vergessen dürfen. Sie können eine derartige Funktionalität auch mit dem actions-Dictionary des Layers realisieren (mehr darüber etwas später).

8.1.1 Layers und Events animieren

Wenn Sie in AppKit eine View ohne den animator verschieben, können Sie vollständig kontrollieren, wo sich die View in einem bestimmten Frame der Animation befindet. Dagegen übernimmt, wie gerade gezeigt wurde, bei der Animation mit Layers Core Animation die Kontrolle über die Position des Layers in einem bestimmten Frame. Natürlich wird Ihr Code dadurch kleiner und weniger komplex; doch gelegentlich müssen Sie wissen, wo sich der Layer befindet, damit Sie Hits testen oder andere Events verarbeiten können. An dieser Stelle kommt der presentationLayer ins Spiel.

Der presentationLayer eines Layers ist eine schreibgeschützte Kopie des Layers, die sehr genau zeigt, wie der Layer am Anfang des gegenwärtigen Frames der Animation ausgesehen hat. Angenommen, Sie wollten ein Spiel entwickeln, bei dem der Benutzer auf gleitende Bilder klicken soll. Wenn der Benutzer klickt, würden Sie mithilfe des presentationLayers bestimmen, ob der Layer getroffen (angeklickt) wurde. Auch wenn unser Beispiel kein Spiel ist, zeigt es treffend, wie der presentationLayer zur Event-Verarbeitung verwendet werden kann. Der folgende Code zeigt, wie Events in einem layerbasierten UI verarbeitet werden:

```
Download CoreAnimationLayers/AnimationTypes/MyView.m
- (void)mouseDown:(NSEvent *)event {
  NSPoint point = [self convertPoint:[event locationInWindow]
                  fromView:nil];
  CALayer *presLayer = [self.photoLayer presentationLayer];
  CALayer *layer = [presLayer hitTest:NSPointToCGPoint(point)]; // A
  if([layer.name isEqualToString:@"photo"]) {
    NSBeep();
  }
}
```

Die `hitTest:`-Methode (A) sucht den Layer (entweder `presLayer` oder einen seiner Sublayers), in dem der Event-Punkt liegt. Wenn der angeklickte Layer bekannt ist, können Sie die erforderliche Verarbeitung einleiten. In diesem Fall wird einfach ein akustisches Signal gegeben, wenn der Benutzer den Layer anklickt, aber in Ihrem nächsten Spiel könnte ein solcher Hit auch eine neue Höchstpunktzahl bedeuten.

Beachten Sie, dass der angeklickte Punkt von `NSPoint` in `CGPoint` umgewandelt wird. Alle Core-Animation-APIs übernehmen CG-Typen. Deshalb ist bei einem Wechsel von einem `NSView` zu einem `CALayer` fast immer eine derartige Umwandlung erforderlich.

Der Layer wird jetzt entlang des Pfades auf dieselbe Weise wie in dem vorhergehenden Beispiel animiert.

8.2   Animations-Timing

In Kapitel 4, *Animations-Timing*, wurde gezeigt, wie das Timing einer Animation durch eine Timing-Funktion oder Auswahl einer eingebauten Timing-Kurve mit der `timingFunction`-Property gesteuert werden kann. Denselben Ansatz mit demselben Effekt können Sie auch bei Layers verwenden.

Über die `timingFunction` hinaus bietet die Animation aber einiges mehr. Die `CAAnimation`-Klasse implementiert das `CAMediaTiming`-Protokoll, das ein Modell für ein hierarchisches Timing-Koordinatensystem zur Verfügung stellt. Ähnlich wie jede View in einer View-Hierarchie über ein eigenes Koordinatensystem für ihre Zeichnungen verfügt, kann jede Animation ihr eigenes Timing-Koordinatensystem haben. Es ermöglicht erstaunlich flexible und vielfältige Timing-Animationen. In diesem Abschnitt werden das `CAMediaTiming`-Protokoll und seine Möglichkeiten ausführlich beschrieben.

Ohne Beispiel ist dies alles zu abstrakt. Mit einem Anwendungsbeispiel kann diese fortgeschrittenere Timing-Funktionalität konkreter dargestellt werden. Bei dieser Anwendung, einem Fotobetrachter, sollen die Fotos über die Szene gleiten und dabei allmählich ein- bzw. ausgeblendet werden. Mit den `CAMediaTiming`-Properties können Sie genau spezifizieren, wann die Ein- und Ausblendungen beginnen und enden sollen. Sie müssen nicht gleichzeitig zur Bewegung erfolgen. Es können auch mehrere Bilder gleichzeitig über den Bildschirm gleiten und gegeneinander versetzt sein. Etwas später wird eine Beispielanwendung behandelt, die Ähnliches leistet, um dieses Konzept noch weiter zu konkretisieren.

Das Timing-Koordinatensystem ist kein zwei- oder dreidimensionales Koordinatensystem, sondern eine Linie. Deshalb sind die möglichen Transformationen einfacher. Das `CAMediaTiming`-Protokoll definiert die Properties, die diese Timeline-Transformationen steuern. Es gibt zwei grundlegende Gruppen: Scaling und Offset. Das Scaling der Timeline wird mit den Attributen speed und duration gesteuert, und der Offset der Timeline wird mit den Properties beginTime und timeOffset kontrolliert. Mit der fillMode-Property können Sie spezifizieren, welchen Zustand die Animation annehmen soll, wenn der Offset der Timeline geändert wird. Sie können den Ablauf der Animation über die Manipulation dieser Werte fast komplett kontrollieren.

Eine einfache Anwendung, die drei Fotos über eine Szene verschiebt, sie ein- und ausblendet und bei der Bewegung dreht, soll dies alles demonstrieren (siehe Abbildung 8.1).

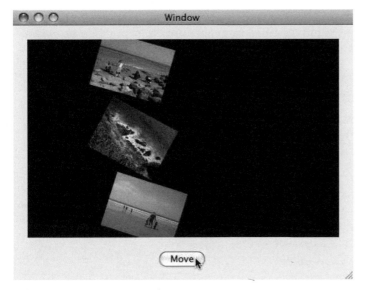

Abb. 8.1:   PopView-Anwendung

In dieser Anwendung laufen vier Animationen ab: die Bewegung über die Szene, die Drehung, das Einblenden und das Ausblenden. Alle vier Animationen werden in eine Gruppe (eine Instanz von CAAnimationGroup) eingefügt. Dann wird diese Animationsgruppe zu dem Layer hinzugefügt. Hier ist der Code, der von dem MOVE-Button in der UI aktiviert wird:

```
Download CoreAnimationLayers/PhotoPop/PopView.m
- (IBAction)move:(id)sender {
  [beach1Layer addAnimation:[self group] forKey:@"fly"];
  [beach2Layer addAnimation:[self group] forKey:@"fly"];
  [beach3Layer addAnimation:[self group] forKey:@"fly"];
}
```

Der Vollständigkeit halber ist hier der Code zur Erstellung der Gruppenanimation:

```
Download CoreAnimationLayers/PhotoPop/PopView.m
- (CAAnimationGroup *)group {
  CAAnimationGroup *group = [CAAnimationGroup animation];
  group.duration = kGroupDuration;
  group.animations = [NSArray arrayWithObjects:[self rotation],
                     [self xLocation], [self fadeIn],
                     [self fadeOut], nil];
  return group;
}
```

Dieser Code ähnelt der Erstellung einer Gruppenanimation in früheren Beispielen. Sie setzen einfach die Dauer und fügen die vier Animationen hinzu.

Weil die Drehung der Fotos in jedem Layer anders verlaufen soll, müssen Sie die Drehung für jeden Layer ein wenig versetzen. Hier ist der entsprechende Code:

```
Download CoreAnimationLayers/PhotoPop/PopView.m
- (CAKeyframeAnimation *)rotation {
  CAKeyframeAnimation
  *rot =
      [CAKeyframeAnimation animationWithKeyPath:@"transform.rotation"];
  CGFloat angle = 30.0f * (M_PI/180.0f);
  rot.values = [NSArray arrayWithObjects:[NSNumber numberWithFloat:0.0f],
              [NSNumber numberWithFloat:angle],
              [NSNumber numberWithFloat:-angle],
              [NSNumber numberWithFloat:0.0f], nil];
  rot.keyTimes = [NSArray arrayWithObjects:[NSNumber numberWithFloat:0.0f],
              [NSNumber numberWithFloat:0.25f],
              [NSNumber numberWithFloat:0.75f],
              [NSNumber numberWithFloat:1.0f], nil];
  rot.timeOffset = [self randomNumberLessThan:2.0f];              // (A)
  return rot;
}
```

Die Drehung ist eine unkomplizierte Keyframe-Animation aus vier Keyframes: null, 30 Grad, -30 Grad und dann zurück zu null. Die `timeOffset`-Property wird auf eine Zufallszahl gesetzt, die kleiner als 2 ist (A). Deshalb hat jeder Layer bei seiner Dreh-Animation einen etwas anderen Offset. Anstelle von `timeOffset` hätte man auch den Start- und den Stoppwinkel zufällig setzen können, aber dies wäre dem Zweck des Beispiels zuwidergelaufen.

Die `timeOffset`-Property setzt den Anfangswert einer Animation auf den Time-Offsetwert. Da Core Animation zeitbasiert (und nicht framebasiert) arbeitet, hängt der Wert für eine bestimmte Property (wie etwa der Drehwinkel in diesem Beispiel) von der Zeit, nicht von dem Frame ab. Ein Zeit-Offset verschiebt demnach den Startpunkt der Animation in die Zukunft. Die Drehung beginnt deshalb an einem zufällig gewählten Zeitpunkt in der Zukunft der Animation (in diesem Fall beträgt der Zufallswert weniger als zwei Sekunden).

Wenn die Animation startet, entspricht der Wert der Drehung dem `timeOffset`, der der Animation zugewiesen wurde. Abbildung 8.2 zeigt, wie die Dreh-Animation von +30 Grad bis -30 Grad läuft. Die drei Sterne markieren mögliche `timeOffset`-Werte der drei verschiedenen Layers. Ein Blick auf die frühere Beschreibung der Interpolation hilft Ihnen, dies besser zu verstehen.

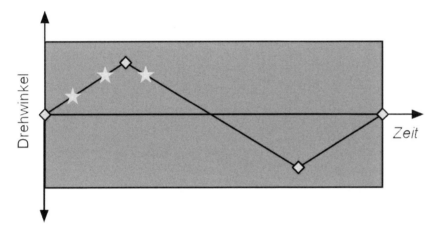

Abb. 8.2: `timeOffset` der Dreh-Animation

Zur Erinnerung: Core Animation interpoliert die Zwischenwerte anhand der Timing-Funktion so, dass die Animation flüssig abläuft. Da Sie hier Schlüsselzeiten spezifiziert haben, wird der Drehwinkel flüssig zwischen dem Null-Radianten und dem Winkel-Radianten bei 25 Prozent der Dauer, zwischen »angle« und »-angle« bis 75 Prozent der Dauer und schließlich von –angle zurück auf null bei 100 Prozent der Dauer interpoliert. Wenn Sie einen Zeit-Offset festlegen, beginnt die Animation um diese Zeitspanne versetzt in der Zukunft.

Gehen Sie, um die Berechnung zu erleichtern, von einem angenommenen Zeit-Offset-Zufallswert von 0,25 der Animation aus. (Die Gruppe läuft in insgesamt 5 Sekunden ab; da die Dreh-Animation nicht geändert wurde, dauert sie ebenfalls 5 Sekunden. Deshalb wäre der `timeOffset`-Wert 0,25 * 5,0 = 1,25 Sekunden.) Weil dieser Zeitwert direkt einer `keyTime` entspricht, hat `timeOffset` den für die `keyTime` spezifizierten Wert. Dies würde einer Drehung um den Betrag »angle«

entsprechen. Deshalb beginnt das Foto bei dieser Animation mit einer Drehung um einen Radianten von »angle«. Wenn die Animation weiterläuft, werden die Werte anhand der angepassten Zeitskala berechnet. (Die Anpassung entspricht einer Translation, also Verschiebung.) Wenn also die Parent-Dauer die Hälfte erreicht, befindet sich die Drehung, was die Interpolation angeht, bei 0,75 ihrer Zeitbasis (in der Beispieldrehung wäre das Foto jetzt auf »-angle« gedreht). Wenn dann die Gruppe 1,0 ihrer Dauer erreicht, geht die Drehung zurück auf 0,25 ihrer Zeitbasis; damit stünde der interpolierte Wert wieder bei »angle«. Dies hat den Effekt, als befände sich die Animation in einer Schleife, die an irgendeinem Punkt in der Zukunft der Animation beginnt und am selben Punkt endet.

Ich demonstriere den timeOffset gerade deshalb mit dem Drehwinkel, weil die Effekte des »Umlaufs« bei dieser Animation nicht so offensichtlich sind wie etwa bei einem Attribut wie xPosition (auf das ich gleich zurückkomme). Wenn Sie einen besseren visuellen Umlaufeffekt erzielen wollen, können Sie einen time-Offset-Wert zu der xPosition-Animation addieren. Der visuelle Effekt ist dramatischer und viel besser zu erkennen.

Der folgende Code zeigt die fadeIn-Animation. Sie beginnt mit der Deckkraft (opacity) null und wird dann in einer einfachen Animation auf eins hochgefahren. Hier ist der Code:

```
- (CABasicAnimation *)fadeIn {
  CABasicAnimation *fade =
      [CABasicAnimation animationWithKeyPath:@"opacity"];
  fade.fromValue = [NSNumber numberWithFloat:0.0f];
  fade.toValue = [NSNumber numberWithFloat:1.0f];
  fade.speed = kGroupDuration;                                    // A
  fade.fillMode = kCAFillModeForwards;                           // B
  return fade;
}
```

Download CoreAnimationLayers/PhotoPop/PopView.m

Die Geschwindigkeit der Animation wird auf die Dauer der Gruppe gesetzt (A). Zur Erinnerung: Die Geschwindigkeit ist ein Skalierungsfaktor. Da die fadeIn-Animation eine Sekunde dauern soll, wird dadurch, dass die Geschwindigkeit auf die Dauer der Gruppe gesetzt wird, erreicht, dass das fadeIn unabhängig von der Dauer der Gruppe immer eine Sekunde dauert. Anders ausgedrückt: Da die Dauer der Gruppe fünf Sekunden beträgt und die Geschwindigkeit des fadeIn auf 5 gesetzt wird, läuft es fünf Mal schneller ab, braucht also nicht fünf Sekunden, sondern nur ein Fünftel davon, also eine Sekunde.

Die fillMode-Property wird auf kCAFillModeForwards gesetzt (B). Dies sorgt dafür, dass der Endwert der fadeIn-Animation nach Ablauf der Animation erhalten bleibt. Im Gegensatz dazu wird der Effekt einer Animation standardmäßig aus dem Layer entfernt, wenn die Animation abgelaufen ist. Wenn die Animation entfernt wird, wird der Wert (hier: die Deckkraft) auf ihren vorhergehenden Wert (hier: »durchsichtig«) zurückgesetzt und verschwindet. Wird fillMode nun auf kCAFillModeForwards gesetzt, bleibt der Effekt der Animation auch nach deren Ablauf erhalten.

Die fillMode-Property kann einen von vier Werten annehmen:

- Der Standardwert kCAFillModeRemoved bewirkt, dass die Animation nach ihrem Ablauf komplett entfernt wird.

- Der hier beschriebene Wert kCAFillModeForwards bewirkt, dass der Endwert der Animation nach ihrem Ablauf erhalten bleibt, bis der Parent (hier: die Gruppe) abgelaufen ist.

- Der Wert kCAFillModeBackwards bewirkt, dass der Anfangswert der Animation vom Beginn der Parent-Animation bis zum Beginn der Animation angewendet wird.

- Der Wert kCAFillModeBoth bewirkt, dass der Anfangswert der Animation vom Beginn der Parent-Animation bis zu ihrem Beginn und ihr Endwert nach ihrem Ende bis zum Ende der Parent-Animation angewendet wird.

Zum Abschluss der Code der fadeOut-Animation:

```
Download CoreAnimationLayers/PhotoPop/PopView.m
- (CABasicAnimation *)fadeOut {
 CABasicAnimation *fade = [CABasicAnimation animationWithKeyPath:@"opacity"];
  fade.fromValue = [NSNumber numberWithFloat:1.0f];
  fade.toValue = [NSNumber numberWithFloat:0.0f];
  fade.duration = kFadeDuration;
  fade.beginTime = kGroupDuration - kFadeDuration;
  return fade;
}
```

Hier läuft dieselbe CABasicAnimation von vollkommen undurchsichtig bis zu vollkommen transparent ab. Die beginTime-Property, die den Beginn der Animation spezifiziert, wird so gesetzt, dass das fadeOut in der letzten Sekunde der Gruppenanimation erfolgt. Die fadeOut-Animation soll hier zeitgleich mit der Gruppenanimation beendet werden.

Mit zwei weiteren Property-Gruppen des CAMediaTiming-Protokolls können Sie einige andere großartige Effekte erzielen:

- Wiederholung: Sie können festlegen, dass eine Animation wiederholt werden soll. Mit der repeatCount-Property können Sie die Anzahl der Wiederholungen spezifizieren; mit der `repeatDuration`-Property können Sie die Zeitspanne spezifizieren, in der die Animation wiederholt werden soll. Sie dürfen nur eine der beiden Properties setzen; andernfalls ist das Ergebnis undefiniert.

- Umkehrung: Eine Animation kann auch automatisch umgekehrt werden, wenn sie abgelaufen ist. Setzen Sie zu diesem Zweck die `autoreverses`-Property.

Probieren Sie auch diese Properties aus, um ein Gefühl für die Möglichkeiten zu bekommen.

8.3 Drehung und Layers

Das vorhergehende Beispiel hat gezeigt, wie leicht Layers gedreht werden können. Allerdings wurde noch nichts über den Drehpunkt gesagt. Standardmäßig ist der Mittelpunkt zugleich der Drehpunkt; doch mit `anchorPoint` (Ankerpunkt) können Sie den Drehpunkt ändern. In diesem Abschnitt wird gezeigt, wie Sie Drehanimationen durch Änderung des Ankerpunktes ändern können.

Abbildung 8.3 zeigt ein Bildschirmfoto der Anwendung, mit der Sie den `anchorPoint` und die Drehung erforschen.

Abb. 8.3:   Dreh-Animation eines Layers

In diesem Foto hat der `anchorPoint` seinen Standardwert. Der folgende Code zeigt, wie `anchorPoint` und Drehung zusammenhängen:

Download CoreAnimationLayers/LayerRotate/PhotoRotateView.m

```
- (IBAction)rotate:(id)sender {
  [beachLayer setValue:[NSNumber numberWithFloat:(30.0f * M_PI / 180.0f)]
  forKeyPath:@"transform.rotation"];
}
```

Sie müssen einfach setValue:forKeyPath: mit dem Key-Pfad transform.rotation aufrufen. Mit der CATransform3DMakeRotation()-Funktion könnten Sie auch eine Drehung namens CATransform3D erstellen und mit transform des Layers verbinden. Doch in diesen Beispielen wird die setValue:forKeyPath:-Methode verwendet, weil dies weniger Codezeilen erfordert. Da der anchorPoint in diesem Beispiel nicht geändert wurde, dreht sich der Layer (wie in dem Bildschirmfoto gezeigt) um seinen Mittelpunkt. Der folgende Code zeigt, wie der anchorPoint geändert wird:

Download CoreAnimationLayers/LayerRotate/PhotoRotateView.m

```
- (IBAction)setXAnchorPoint:(id)sender {
  CGFloat newValue = [sender floatValue];
  if(newValue >= 0.0f && newValue <= 1.0f) {
    beachLayer.anchorPoint =                          // A
      CGPointMake(newValue, beachLayer.anchorPoint.y);
  } else {
    NSBeep();
    [sender setFloatValue:0.5f];
  }
}

- (IBAction)setYAnchorPoint:(id)sender {
  CGFloat newValue = [sender floatValue];
  if(newValue >= 0.0f && newValue <= 1.0f) {
    beachLayer.anchorPoint =                          // B
      CGPointMake(beachLayer.anchorPoint.x, newValue);
  } else {
    NSBeep();
    [sender setFloatValue:0.5f];
  }
}
```

Der X-Wert von anchorPoint wird in (A), der Y-Wert in (B) geändert. Sie sollten verschiedene Werte ausprobieren und beobachten, wie sich nicht nur der Drehpunkt, sondern auch die Position des Layers und seine Drehung ändern. Zur Erinnerung: Der anchorPoint ist der Punkt, der die Position des Layers bestimmt. Mit dem anchorPoint wird also auch die relative Position des Layers und damit seine Drehung geändert.

8.4   Filter und Layers

Aus Kapitel 6, *Gefilterte Views*, wissen Sie, dass Sie Core-Image-Filter zusammen mit Core Animation verwenden können, um Bilder mit GPU-beschleunigten Effekten zu versehen. Alles, was Sie dort über die Anwendung dieser Filter auf Views gelernt haben, können Sie direkt auf Layers übertragen. In einer View wird ein Filter mit der `backgroundFilters`-Property auf den Hintergrund angewendet. Dieselbe Property verwenden Sie auch bei einem Layer. Der Inhalt eines Layers wird mit der `filters`-Property gefiltert; bei einer View ist dies Aufgabe der `contentFilters`-Property.

Die Filter, die auf Layers angewendet werden, werden auf dieselbe Weise animiert wie die Filter von Views. Sie müssen nur den Filter benennen (zur Erinnerung: die `name`-Property, nicht der Name, mit dem der Filter erstellt wird!); und dann können Sie jeden seiner Parameter per Key-Pfad animieren (zum Beispiel `lters.blurFilter.inputIntensity`, wenn Ihr Filter `blurFilter` heißt).

Üblicherweise werden Layers, die mehr im Hintergrund stehen sollen, mit diesen Filtern unschärfer dargestellt. Sie können allerdings sehr viele Filter ausprobieren. Wenden Sie sie auf Ihr UI an; schauen Sie, was passt. Überfordern Sie den Benutzer nicht. Subtil zu sein, ist besser.

8.5   Layer-Inhalte verwalten

Bis jetzt haben Sie hauptsächlich Bilder mit der `contents`-Property in Layers eingefügt und die Standardeinstellungen beibehalten. In diesem Abschnitt geht es darum, wie Sie den Inhalt eines Layers positionieren und anderweitig kontrollieren können.

Mit der `contentsGravity`-Property des Layers können Sie dem Layer mitteilen, wo der Inhalt relativ zum Layer positioniert werden soll. Der Standardwert ist `kCAGravityResize`. Er passt die Größe des Inhalts automatisch an die Grenzen des Layers an. Mit `kCAGravityResizeAspectFill` können Sie den Inhalt ebenfalls an die Größe des Layers anpassen, aber dabei die Aspektratio des Inhalts beibehalten. Mit anderen Optionen können Sie den Inhalt oben, unten, rechts oder links positionieren. Kombinationen (zum Beispiel oben rechts) sind ebenfalls möglich. Üblicherweise wird dieses Attribut verwendet, wenn ein Layer eine bestimmte Größe haben muss, die von der des Inhalts abweicht. (Dafür gibt es verschiedene Gründe, aber normalerweise liegt es am Layout.) Insbesondere wenn der Layer eine andere Aspektratio als der Inhalt hat, sollte der Inhalt nicht skaliert werden.

8.6   In Layers zeichnen

Es gibt mehrere Methoden, um den Inhalt eines Layers zu erzeugen. Sie könnten den gewünschten Inhalt in einem anwendungsspezifischen `CGBitmapContext` erstellen, ein `CGImage` dieses Kontextes abrufen und als Inhalt verwenden. Sie könnten eine Unterklasse von `CALayer` bilden, ihre `drawInContext:`-Methode überschreiben und den Inhalt in dem übergebenen Kontext zeichnen. Sie könnten auch einen Delegate zur Verfügung stellen, darin die Methode `drawLayer: inContext:` implementieren und die Zeichnung in dem an diese Methode übergebenen Kontext erstellen. Welchen Ansatz Sie wählen, hängt von Ihren Anforderungen oder Vorlieben ab.

Einen `CGBitmapContext` zu erstellen, ist mir zu fehleranfällig, weshalb ich diesen Lösungsweg meistens nicht einschlage. Eine Unterklasse von `CALayer` zu bilden, ist ein brauchbarer Ansatz, wenn man aus einem anderen Grund sowieso eine Unterklasse benötigt (etwa um Daten oder Funktionalität zu einer Anwendung hinzuzufügen). Die Methode `drawInContext:` zu überschreiben, ist dann die natürliche Lösung. Doch im Allgemeinen erstelle ich möglichst keine Unterklassen von `CALayer`, nur um anwendungsspezifische Zeichnungen zu erstellen. Stattdessen arbeite ich lieber mit einem Delegate. Sie sollten einige Experimente ausführen und wenigstens eine Unterklasse erstellen und einen Delegate erzeugen, um beide Ansätze näher kennen zu lernen. In den Beispielen im Rest dieses Abschnitts wird die Delegate-Methode verwendet.

Im folgenden Beispiel zeichnen Sie ein Rechteck in einem Layer. Zunächst der Code, mit dem der Layer für die Zeichnung eingerichtet wird:

```
Download CoreAnimationLayers/LayerDrawing/LayerDrawingView.m
- (void)awakeFromNib {
  [self setLayer:[CALayer layer]];
  [self setWantsLayer:YES];
  self.layer.layoutManager =
     [CAConstraintLayoutManager layoutManager];
  self.layer.backgroundColor = [self black];
  self.drawingLayer.delegate = self;                     // A
  [self.drawingLayer setNeedsDisplay];                   // B
  NSUInteger resizeMask =
     kCALayerWidthSizable | kCALayerHeightSizable;
  self.drawingLayer.autoresizingMask = resizeMask;       // C
  self.drawingLayer.needsDisplayOnBoundsChange = YES;    // D
  [self.layer addSublayer:self.drawingLayer];
}
```

Hier werden die bekannten Operationen ausgeführt: Es wird ein Layer erstellt und der View zugewiesen. Es wird ein Constraints-basierter Layout-Manager erstellt. Die Hintergrundfarbe wird gesetzt. Dann folgt der in diesem Kontext wichtige Code. Der Delegate des Zeichnungs-Layers wird der View zugewiesen (A). (Normalerweise wird eine andere Klasse als Delegate verwendet.) Dann wird dem Layer mitgeteilt, dass er dargestellt werden muss (B). Dies ist eine der Stellen, an denen sich Layers definitiv anders als Views verhalten. Wenn eine View erstellt wird, weiß sie automatisch, dass sie »angezeigt werden muss«, während ein Layer annimmt, dass dies nicht erforderlich ist. Wenn Sie also den Layer erstellen und darin zeichnen wollen, müssen Sie ihm sagen, dass er angezeigt werden muss. Danach wird die `resizeMask` gesetzt (C). Standardmäßig wird die Größe eines Layers nicht automatisch geändert, wenn sich die Größe seines übergeordneten Layers ändert. Durch Setzen dieser Maske wird dieses Verhalten geändert. Ich habe hier mehrere Optionen spezifiziert, damit der Sublayer seine Breite und Höhe ändert, wenn sein übergeordneter Layer seine Größe ändert (und damit dieselbe relative Größe behält). Sie sollten die Werte jedoch ändern und beobachten, wie die anderen den Layer beeinflussen. Schließlich wird der Layer angewiesen, sich anzuzeigen, wenn seine Grenzen geändert werden (D). Dies ist ein weiterer Unterschied zu Views: Wird die Größe einer View geändert, wird sie automatisch neu dargestellt, ein Layer dagegen nicht. Denken Sie daran, dass Core Animation für Animationszwecke optimiert ist und Mehrfachdarstellungen so weit wie möglich vermeidet. Wenn Sie eine Neudarstellung erzwingen, muss der Hintergrundspeicher aktualisiert werden. Da diese Operation relativ teuer ist, sollten Sie eine Neudarstellung nur bei Bedarf ausführen.

8.7 Gekachelte Layers

Ein gekachelter Layer (engl. *tiled layer*) ist eine Methode, Inhalte zu verwalten und zu repräsentieren, die für einen Layer zu groß sind. Die Größe eines Layers hängt von der Grafikkarte des Computers ab, auf dem die Software läuft. Im Allgemeinen passt ein 2048 x 2048 großes Bild problemlos in einen Layer eines typischen Mac-Computers der Leopard-Ära. Sind Ihre Bilder größer als das (etwa 10.000 x 10.000), dann müssen Sie diese Inhalte mit einem `CATiledLayer` anzeigen, wenn Sie die volle Auflösung erzielen wollen.

Das Beispiel, mit dem der gekachelte Layer illustriert werden soll, zeigt ein Panoramabild, das aus etwa 16 Fotos zusammengesetzt ist. Die Auflösung beträgt insgesamt 9162 Pixel in der Breite und 4367 Pixel in der Höhe. Das Bild wurde in 24 gleich große Segmente zerlegt, die jeweils 1527 Pixel breit und 1094 Pixel hoch sind. In dieser Anwendung habe ich das Bild vorher zerlegt; doch bei einer echten Anwendung würden Sie wahrscheinlich die Datei inkrementell laden (Näheres finden Sie in dem Quartz-Buch [GL06]) oder per Programm zerlegen (ein Beispiel dafür finden Sie in Abschnitt 12.2, *Layers und Animationen*). Zunächst der Code für die Einrichtung des gekachelten Layers:

```
Download CoreAnimationLayers/TiledLayer/MyView.m
photoLayer = [CATiledLayer layer];                          // A
TiledDelegate *delegate = [[TiledDelegate alloc] init];     // B
photoLayer.delegate = delegate;
zoomLevel = 1.0f;                                           // C
photoLayer.frame =                                          // D
    CGRectMake(0.0f, 0.0f, delegate.imageSize.width,
                           delegate.imageSize.height);
// die Detailstufen setzen (Wertebereich: 2^-2 bis 2^1)
photoLayer.levelsOfDetail = 4;                              // E
// den Bias für die Anzahl der 'Zoom-in-Ebenen' setzen
photoLayer.levelsOfDetailBias = 1; // bis zu 2x (2^1) des größten Fotos
[photoLayer setNeedsDisplay]; // das ganze Layer anzeigen
```

Der Layer wird ganz normal durch Aufruf der `layer`-Klassenmethode erstellt (A). Dann werden eine Instanz von `TiledDelegate` und der Delegate des Layers erstellt (B). Der Delegate für einen gekachelten Layer ist besonders wichtig, weil er für alle für den Layer erforderlichen Zeichenoperationen verantwortlich ist. Sollten Sie den Inhalt des gekachelten Layers (wie bei den anderen Layers) auf ein Bild setzen, würde sich der gekachelte Layer wie ein »normaler« Layer verhalten. Der Code mit den Zeichenoperationen folgt später.

Als Nächstes wird der standardmäßige `zoomLevel`-Wert auf `1.0` gesetzt (C); und das Frame von `photoLayer` wird auf die Größe des Bildes gesetzt (D). Der `zoom-Level` steuert die Skalentransformation des Foto-Layers. Diese Property wird etwas später benötigt. Das Frame von `photoLayer` wird auf die Größe des Bildes bei voller Auflösung gesetzt.

Als Nächstes wird die `levelsOfDetail`-Property gesetzt (E). Sie bestimmt, wie viele Ebenen der gekachelte Layer zwischenspeichert. Dann wird die `levelsOfDetailBias`-Property gesetzt. Sie legt fest, wie viele Detailebenen über eins hinaus für das Auszoomen reserviert werden. Die hier spezifizierte Konfiguration ermöglicht vier Detailebenen von 2^{-2} bis 2^{1}. Anders ausgedrückt: Das Bild kann mit einer Größe von 25 Prozent, 50 Prozent, 100 Prozent und 200 Prozent dargestellt werden.

Abbildung 8.4 zeigt das Bild auf 25 Prozent seiner ursprünglichen Größe ausgezoomt.

Abb. 8.4:   Gekachelter Layer, ausgezoomt

Abbildung 8.5 zeigt dasselbe Bild auf das Doppelte seiner ursprünglichen Größe eingezoomt.

Abb. 8.5:   Gekachelter Layer, eingezoomt

Dieses größere Bild zeigt mehr Details. Sie können die Textur der Farbe auf dem Zaun und Details des Grases erkennen. Aber bei dieser Detailtiefe ist das Bild für den Layer viel zu groß. Mit dem gekachelten Layer können Sie dieses Bild einfach anzeigen, auch wenn es viel zu groß ist.

Der folgende Code zeigt, wie das Bild mit der moveRight:-Methode verschoben werden kann:

Download CoreAnimationLayers/TiledLayer/MyView.m

```
- (void)moveRight:(id)sender {
  CGFloat zoomFactor = zoomLevel > 1.0f ? zoomLevel : 1.0f / zoomLevel;
  CGFloat newXPos = photoLayer.position.x - (10.0f * zoomFactor);
  if(newXPos > (CGRectGetMaxX(photoLayer.superlayer.bounds) -
            CGRectGetWidth(photoLayer.frame) * photoLayer.anchorPoint.x)) {
    photoLayer.position = CGPointMake(newXPos, photoLayer.position.y);
  }
}
```

Da diese View der erste Responder ist, wird diese Methode aufgerufen, wenn die ⟶-Taste gedrückt wird. In diesem Code wird die Position des Layers jedes Mal um zehn Pixel nach links verschoben. Außerdem wird geprüft, ob das Scrolling den Layer über den linken Rand des übergeordneten Layers hinausschieben würde. Hat der Layer diesen Punkt erreicht, wird das Scrolling gestoppt. Abgesehen von dieser Prüfung ist dieser Code bemerkenswert einfach. Es ist kein Code erforderlich, um das Bild zu laden oder zwischenzuspeichern. Der gekachelte Layer nimmt Ihnen diese Sorgen ab. Der folgende Code zeigt, wie das Bild dargestellt wird:

Download CoreAnimationLayers/TiledLayer/TiledDelegate.m

```
- (void)drawLayer:(CALayer *)layer inContext:(CGContextRef)ctx {
  CGRect bounds = CGContextGetClipBoundingBox(ctx);
  NSInteger leftColumn = floor(CGRectGetMinX(bounds) / self.sliceSize.width);
  NSInteger bottomRow = floor(CGRectGetMinY(bounds) / self.sliceSize.height);
  NSInteger rightColumn = floor(CGRectGetMaxX(bounds) / self.sliceSize.width);
  NSInteger topRow = floor(CGRectGetMaxY(bounds) / self.sliceSize.height);
  NSInteger rowCount = topRow - bottomRow + 1;
  NSInteger columnCount = rightColumn - leftColumn + 1;
  for(int i = bottomRow;i < bottomRow + rowCount;i++) {
    for(int j = leftColumn;j < leftColumn + columnCount;j++) {
      CGPoint origin = CGPointMake(j * self.sliceSize.width,
                        i * self.sliceSize.height);
      NSString *imgName = [NSString stringWithFormat:@"%dx%dy",
                    (NSInteger)origin.x, (NSInteger)origin.y];
      CGImageRef image = [self imageNamed:imgName ofType:@"png"];
      if(NULL != image) {
        CGRect drawRect = CGRectMake(origin.x,
                              origin.y,
                              self.sliceSize.width,
                              self.sliceSize.height);
```

```
    CGContextDrawImage(ctx, drawRect, image);            // A

    CGImageRelease(image);
  }
 }
}
}
```

Die komplexeste Aufgabe in diesem Code ist die Suche nach dem darzustellenden Kachelbild. Doch sobald bekannt ist, welches Bild geladen und dargestellt werden muss, ist es wirklich einfach, das Bild auf den Bildschirm zu bringen. Sie müssen nur Quartz anweisen, das Bild darzustellen (A).

Einiges ist bemerkenswert: Sie müssen sich nicht darum kümmern, das Bild zu skalieren und zu beschneiden. Sie müssen es nur darstellen. Dies ist eine der stärksten Aspekte des gekachelten Layers. Der Kontext, der an diese Methode übergeben wird, hat bereits alle erforderlichen Transformationen angewendet, die für eine korrekte Darstellung erforderlich sind.

Sie sollten sich die Zeit nehmen, die Anwendung selbst auszuführen. Beachten Sie, dass bei der Navigation in dem Bild (entweder mit einem Scrollrad der Maus oder mit den Pfeiltasten) das Bild inkrementell geladen wird. Der gekachelte Layer weiß, welche Teile des Bildes geladen worden sind. Wenn ein Teil sichtbar wird, der nicht zwischengespeichert ist, weist der Layer den Delegate an, den Teil durch Aufruf von `drawLayer:inContext:` darzustellen. Wenn der Inhalt in dem Kontext dargestellt wird, wird er von dem Layer zwischengespeichert, damit er erneut angezeigt werden kann, wenn dieser Bereich wieder sichtbar wird.

8.8 Animationen und Aktionen

Das Such-Pattern für Animationen wurde zuerst in Abschnitt 2.3, *Animationen finden*, bei der Beschreibung der Cocoa-Animation behandelt. Die Suche nach Animationen in Layers funktioniert ähnlich, umfasst aber einige zusätzliche Schritte. Sie wird hier beschrieben. Außerdem lernen Sie, wie Sie die Standardanimationen überschreiben können.

Die Suche nach Animationen beginnt mit der `actionForKey:`-Methode des Layers. Diese ruft ihrerseits mehrere Methoden auf, um die auszuführende Animation zu finden. Zuerst wird der Delegate des Layers mit der `actionForLayer:forKey:`-Methode befragt. Diese kann folgende Werte zurückgeben: die gesuchte Animation; den Wert `nil`, der anzeigt, dass die Suche fortgesetzt werden oder zurückgekehrt werden sollte; oder `NSNull`, um anzuzeigen, dass die Suche abgebrochen werden sollte.

Wenn Sie `actionForLayer:forKey:` implementieren, können Sie die Standardanimation ersetzen, indem Sie Ihre eigene Animation zurückgeben. Alternativ können Sie die Standardsuche weiterlaufen lassen, indem Sie `nil` zurückgeben; oder Sie können die Suche abbrechen und verhindern, dass die Standardanimation ausgeführt wird.

Der folgende Code illustriert alle drei Optionen für verschiedene Keys:

Download CoreAnimationLayers/AnimationAndActions/ActionView.m

```
- (id<CAAction>)actionForLayer:(CALayer *)layer forKey:(NSString *)key {
  id<CAAction> action = nil;
  if([key isEqualToString:@"opacity"]) {
    CABasicAnimation *animation =
        [CABasicAnimation animationWithKeyPath:@"opacity"];
    animation.duration = 0.5f;
    action = animation;
  } else if([key isEqualToString:@"sublayers"]) {
    action = (id<CAAction>)[NSNull null];
  }
  return action;
}
```

Bei dem `opacity`-Key wird die Standardanimation durch eine Animation ersetzt, die eine halbe Sekunde dauert. (Die Standardanimation dauert 0,25 Sekunden.) Bei dem `sublayers`-Key wird die Standardanimation durch nichts ersetzt, indem NSNull zurückgegeben wird; schließlich wird für jeden anderen Key der Wert `nil` zurückgegeben, der bewirkt, dass die Standardsuche fortgesetzt wird.

Wenn der Delegate `nil` zurückgibt, sucht der Layer die Animation als Nächstes in dem `actions`-Dictionary. Diese Property hat standardmäßig den Wert `nil`; wenn Sie also nicht Spezielles unternehmen, wird die Suche fortgesetzt. Sie können jedoch eine Animation in das `actions`-Dictionary einfügen. Sie wird dann anstelle der Standardanimation verwendet. Der folgende Code zeigt, wie die `opacity`-Standardanimation durch eine Animation im `actions`-Dictionary ersetzt wird:

Download CoreAnimationLayers/AnimationAndActions/ActionView.m

```
- (void)setUpAnimations:(CALayer *)layer {
  CABasicAnimation *animation = [CABasicAnimation animation];
  animation.duration = 0.5f;
  layer.actions = [NSDictionary dictionaryWithObject:animation
                                    forKey:@"opacity"];
}
```

Als Nächstes wird das `styles`-Dictionary durchsucht. Hat es nicht den Wert `nil`, wird der Wert des `actions`-Keys abgefragt. Ist dieser nicht `nil` und wird in dem Dictionary eine Animation für den Key gefunden, wird sie zurückgegeben und ausgeführt. Wollten wir diesen Ansatz in `setUpAnimation:` weiter vorne benutzen, müssten wir wie zuvor ein Dictionary für die `opacity`-Animation erstellen; doch wir müssten auch ein zweites Dictionary erstellen und das erste unter dem `animations`-Key ablegen. Dieses zweite Dictionary wäre dann das `styles`-Dictionary.

Schließlich, wenn keine der vorhergehenden Prüfungen `NSNull` oder eine gültige Animation zurückgibt, wird die `defaultActionForKey:`-Methode des Layers aufgerufen. Dieser letzte Methodenaufruf ist die Quelle aller Standardanimationen.

In diesem Kapitel wurden viele Themen behandelt. Schließlich haben Sie den Übergang zu komplett layerbasierten Animationen geschafft. Mit Ihren Kenntnissen über Layers können Sie jetzt komplette Benutzerschnittstellen erstellen. Im nächsten Kapitel werden andere neue und einzigartige Funktionen von Layers beschrieben, die das Scrolling und die Geometrie betreffen.

Kapitel 9

Layer-Scrolling und Geometrie

Je höher das Hindernis, desto größer der Ruhm bei seiner Überwindung.

Epikur

Das Scrolling eines Layers ähnelt dem Scrolling einer View in AppKit. Die wenigen Unterschiede liegen auf der API-Ebene; deshalb sollten Sie sich das Scrolling schnell aneignen können. Im ersten Teil dieses Kapitels wird das Scrolling an einem Beispiel ausführlich behandelt. Danach wird beschrieben, wie Sie verschiedene Aspekte der Geometrie von Layers nutzen können, um das gewünschte Aussehen Ihres UI zu erzielen.

9.1 Layers scrollen

Mit Scrolling können Sie Inhalte darstellen, die größer als ein Fenster sind. Sie sind mit den Scrollbars vertraut, die heute in den Fenstern der verbreiteten grafischen Benutzeroberflächen verwendet werden. Die Scrollbars zeigen Ihnen auf einen Blick die Größe des dargestellten Inhalts im Verhältnis zum gesamten Dokument (je kleiner der Scrollbalken, desto größer das Dokument). Sie können mit der Scrollbar zu den nicht sichtbaren Teilen des Dokuments navigieren, indem Sie den Scrollbalken verschieben oder die Bereiche über oder unter ihm anklicken.

In Core Animation steht Ihnen CAScrollLayer zur Verfügung, um layerbasierte Inhalte zu scrollen. Konzeptionell unterscheidet sich das Scrolling in Core Animation nicht von dem in AppKit. Der Scroll-Layer übernimmt die Aufgabe der »Clipping-View« aus AppKit und überlagert den Layer mit dem Dokument, das nicht in das Fenster passt. Wenn das begrenzende Rechteck des Scrollers verschoben wird, werden verschiedene Teile des zugrundeliegenden Layers angezeigt. Der CAScrollLayer kümmert sich um das *Clipping*, das heißt, er sorgt dafür, dass dessen darzustellende Bereiche korrekt ausgeschnitten werden. Clipping und Layers werden im nächsten Abschnitt ausführlich behandelt.

AppKit-Scrolling

Wie funktioniert Scrolling in AppKit? Ist ein Dokument (ein Text, ein Bild, eine Zeichnung usw.) für die Arbeitsfläche der Dokument-View zu groß, wird eine *Clipping-View* über die Dokument-View gelegt. Die Clipping-View schneidet den in das Fenster passenden Teil des Dokuments aus und zeigt ihn an. Das Frame der Clipping-View bleibt konstant (das heißt, es verschiebt sich auf dem UI nicht), aber seine Grenzen ändern sich, so dass verschiedene Teile der zugrundeliegenden Dokument-View enthüllt werden. Zwecks Steuerung werden dann noch die Scrollbars und andere UI-Elemente über die Clipping- und Dokument-View gelegt.

Das Menü, dessen Entwicklung in Kapitel 7, *Core Animation*, begann, benötigte keinen Scroll-Layer, weil sein Inhalt nicht zu umfangreich war. Doch auch ein Menü kann zu groß werden. Deshalb sollte es über einen Scroll-Layer verfügen, um so viele Menü-Elemente wie erforderlich aufzunehmen. Abbildung 9.1 zeigt den Layer-Tree für das neue Menü (der Code folgt gleich).

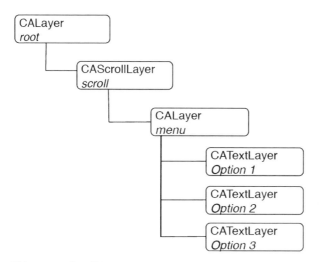

Abb. 9.1: Scroll-Layer-Tree

Der `scroll`-Layer stellt den Platz für den potenziell zu großen Menü-Layer zur Verfügung, damit dieser bereichsweise auf dem Bildschirm angezeigt werden kann. Abbildung 9.2 zeigt schematisch, wie dieser Layer-Tree auf dem Bildschirm aussehen würde.

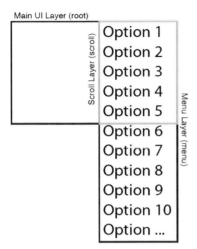

Abb. 9.2: Scrolling-Layer-Layout

Der Root-Layer wird von der View gehostet. Der Scroll-Layer ist ein Sublayer und hostet den Menü-Layer. Er wählt den anzuzeigenden Bereich des Menü-Layers aus und ermöglicht die Navigation im Menü. Wenn das ausgewählte Menü-Element über Option 5 hinausgeht, werden die Grenzen des Scroll-Bereiches so geändert, dass Option 2 bis Option 6 angezeigt werden usw. Doch das ist Abstraktion genug.

Zum Code:

```
Download LayerScrollingAndGeometry/SimpleMenuScrolling/MyControllerScroller.m
- (void)awakeFromNib {                                            // A
    self.offset = 10.0f;
    CALayer *layer = [CALayer layer];
    layer.name = @"root";
    layer.backgroundColor = [self black];
    layer.layoutManager = [CAConstraintLayoutManager layoutManager];
    [view setLayer:layer];
    [view setWantsLayer:YES];
    [view.layer addSublayer:[self scrollLayer]];                  // B
    [[view window] makeFirstResponder:view];
    [self performSelectorOnMainThread:@selector(selectItemAt:)
                           withObject:[NSNumber numberWithInteger:0]
                        waitUntilDone:NO];
}
```

Das Setup und die Konfiguration in der awakeFromNib-Methode (A) unterscheiden sich nur insofern von anderen Beispielen, als nicht ein menuLayer, sondern ein scrollLayer als Sublayer von Root hinzugefügt wird (B). In der folgenden

Zeile wird das Event-Handling vorbereitet, indem die View zum `firstResponder` gemacht wird. Dann wird das ausgewählte Element mit der `selectItemAt:`-Methode auf verzögerte Ausführung gesetzt. Das Event-Handling wird etwas später behandelt. Im Moment ist wichtig, dass der Aufruf verzögert erfolgt, weil der Auswahlcode davon abhängt, dass die Layers von ihren Layout-Managern eingerichtet worden sind. Wie bereits weiter vorne erwähnt wurde, wird der Layout-Manager erst beim nächsten Durchgang durch die Event-Schleife aufgerufen; und da der Auswahlcode davon abhängt, dass das Layout erledigt ist, muss der Aufruf verzögert werden.

Download LayerScrollingAndGeometry/SimpleMenuScrolling/MyControllerScroller.m

```objc
- (CAScrollLayer *)scrollLayer {
  CAScrollLayer *scrollLayer = [CAScrollLayer layer];
  scrollLayer.name = @"scroll";
  scrollLayer.layoutManager = [CAConstraintLayoutManager layoutManager];
  [scrollLayer addConstraint:
    [CAConstraint constraintWithAttribute:kCAConstraintMinX
                        relativeTo:@"superlayer"
                         attribute:kCAConstraintMidX
                            offset:self.offset]];
  [scrollLayer addConstraint:
    [CAConstraint constraintWithAttribute:kCAConstraintMaxX
                        relativeTo:@"superlayer"
                         attribute:kCAConstraintMaxX
                            offset:-self.offset]];
  [scrollLayer addConstraint:
    [CAConstraint constraintWithAttribute:kCAConstraintMinY
                        relativeTo:@"superlayer"
                         attribute:kCAConstraintMinY
                            offset:self.offset]];
  [scrollLayer addConstraint:
    [CAConstraint constraintWithAttribute:kCAConstraintMaxY
                        relativeTo:@"superlayer"
                         attribute:kCAConstraintMaxY
                            offset:-self.offset]];
  [scrollLayer addSublayer:[self menuLayer]];
  return scrollLayer;
}
```

In der `scrollLayer`-Methode in der ersten Zeile wird der `scrollLayer` erstellt. Dieser Code ähnelt der Einrichtung des Menü-Layers in dem vorhergehenden Beispiel. Der `scrollLayer` wird auf die halbe Höhe und Breite beschränkt. Am Ende dieser Methode wird der `menuLayer` als Sublayer hinzugefügt. Zur Erinnerung:

Der scrollLayer definiert den Clipping-Bereich dieses Menüs. Je nach Auswahl zeigt der scrollLayer verschiedene Teile des Menüs an.

```
Download LayerScrollingAndGeometry/SimpleMenuScrolling/MyControllerScroller.m
- (CALayer *)menuLayer {
  CALayer *menu = [CALayer layer];
  menu.name = @"menu";
  [menu addConstraint:
      [CAConstraint constraintWithAttribute:kCAConstraintWidth
                              relativeTo:@"superlayer"
                              attribute:kCAConstraintWidth]];
  [menu addConstraint:
      [CAConstraint constraintWithAttribute:kCAConstraintMidX
                              relativeTo:@"superlayer"
                              attribute:kCAConstraintMidX]];

  menu.layoutManager = [CAConstraintLayoutManager layoutManager];
  NSArray *names = [NSArray arrayWithObjects:
      @"Option 1", @"Option 2", @"Option 3", @"Option 4",
      @"Option 5", @"Option 6", @"Option 7", @"Option 8",
      @"Option 9", @"Option 10", @"Option 11", nil];
  NSArray *items = [self menuItemsFromNames:names];
  CGFloat height = self.offset;                               // A
  for(CALayer *itemLayer in items) {
    height += itemLayer.preferredFrameSize.height + self.offset;
  }
  [menu setValue:[NSNumber numberWithFloat:height]
      forKeyPath:@"frame.size.height"];                       // B
  [menu setSublayers:items];
  return menu;
}
```

Die menuLayer-Methode erstellt den menu-Layer. Beachten Sie die Constraints: Der menu-Layer wird nur in der Breite eingeschränkt. Denn in der Höhe muss der Layer groß genug sein, um alle Sublayers (Menü-Elemente) aufzunehmen; und deren Anzahl ist variabel und sollte nicht eingeschränkt werden. Die Höhe wird berechnet (A). Dabei werden jeweils die bevorzugte Größe eines Menü-Elements und sein Offset addiert. Dann wird der Endwert zugewiesen (B). Beachten Sie, dass er mit setValue:forKeyPath: gesetzt wird. Bei Layers können strukturbasierte Attribute (Frame, Bounds, Position, Transformation usw.) mit setValue:forKeyPath: gesetzt werden. Achtung: Die Dot-Notation von Objective-C 2.0 funktioniert bei Strukturelementen nicht (das heißt, Sie können die Höhe nicht mit dem Ausdruck Layer.Frame.size.height = 14.0f auf 14.0f setzen).

Der folgende Code zeigt, wie ein ausgewähltes Menü-Element verarbeitet wird:

```
Download LayerScrollingAndGeometry/SimpleMenuScrolling/MyControllerScroller.m
- (void)selectItemAt:(NSNumber *)index {
  CAScrollLayer *scrollLayer = [[view.layer sublayers] objectAtIndex:0];
  CALayer *menuLayer = [[scrollLayer sublayers] objectAtIndex:0];
  NSInteger value = [index intValue];
  if(value < 0) {
    value = [[menuLayer sublayers] count] - 1;
  } else if (value >= [[menuLayer sublayers] count]) {
    value = 0;
  }
  [scrollLayer setValue:[NSNumber numberWithInteger:value]
            forKey:@"selectedItem"];                            // A
  CALayer *itemLayer = [[menuLayer sublayers] objectAtIndex:value];
  [itemLayer scrollRectToVisible:itemLayer.bounds];
}

- (void)selectNext {
  CAScrollLayer *scrollLayer = [[view.layer sublayers] objectAtIndex:0];
  NSNumber *selectedIndex = [scrollLayer valueForKey:@"selectedItem"];
  [self selectItemAt:
    [NSNumber numberWithInteger:[selectedIndex intValue] + 1]];
}

- (void)selectPrevious {
  CAScrollLayer *scrollLayer = [[view.layer sublayers] objectAtIndex:0];
  NSNumber *selectedIndex = [scrollLayer valueForKey:@"selectedItem"];
  [self selectItemAt:
    [NSNumber numberWithInteger:[selectedIndex intValue] - 1]];
}
```

Der Code ist ziemlich unkompliziert; doch zwei Dinge sind bemerkenswert. Erstens: `setValue:forKey:` mit einem Key verwendet, der in dem Layer nicht existiert (A). Die `layer`-Klasse verfügt über eine erweiterte Key-Value-Codierung, mit der Sie beliebige Properties zu einem Layer hinzufügen können. Natürlich könnte man damit Layers als Sammelbehälter diverser unzusammenhängender Informationen missbrauchen. Doch bei korrekter Anwendung ist diese Funktion sehr nützlich. Wollten Sie etwa (wie später in diesem Kapitel) einen eigenen Layout-Manager schreiben, könnten Sie damit in den Layer Hinweise für den Layout-Manager einfügen, wie der Layer gehandhabt werden sollte.

Zweitens: Die Auswahl erfolgt zirkulär. Wenn der Benutzer auf dem letzten Element steht und die Taste für das nächste Element drückt, landet er wieder beim ersten Element. Die Menü-Elemente sind bis jetzt noch nicht mit visuellen Auswahleffekten verbunden. Dies ist Thema des nächsten Abschnitts, wenn die verschiedenen Aspekte und Properties von Layers, ihre Anwendungsmöglichkeiten und ihre Animation behandelt werden.

Der abschließende Code zeigt, wie die Events zu dem Controller gelangen. In Cocoa werden Events meistens mit einer Unterklasse von NSView abgefangen. In dieser Unterklasse werden einige Methoden überschrieben, um bei Events die geeigneten Komponenten zu benachrichtigen. In diesem Beispiel soll das Drücken der ⎡↑⎤- und der ⎡↓⎤-Tasten abgefangen werden. Hier ist der Code:

Download LayerScrollingAndGeometry/SimpleMenuScrolling/MyView.m
```
-(void)moveUp:(id)sender {
  [controller selectPrevious];
}

-(void)moveDown:(id)sender {
  [controller selectNext];
}
```

Hier werden einfach die Methoden moveDown: und moveUp: überschrieben. Cocoa fängt die keyDown:-Events ab und wandelt sie in moveUp:- und moveDown:-Methodenaufrufe des ersten Responders um.

9.2   Geometrie-Properties

Verstehen Sie die Geometrie eines Layers, können Sie viel besser begreifen, wie der Layer-Mechanismus funktioniert. Deshalb geht es in den folgenden Seiten um die Geometrie-Properties. Sie müssen jedoch bedenken, dass Sie das Frame, die Grenzen und die Position des Layers häufig mit Constraints oder einem anwendungsspezifischen Layout verwalten. Verwenden Sie einen Layout-Manager, setzt er diese Properties bei jeder Layout-Operation zurück, weswegen Sie sie normalerweise nicht manuell setzen müssen.

Der Ursprung des Standard-Koordinatensystems für Layers liegt in der unteren linken Ecke des Layers. Die positive X-Achse zeigt nach rechts, die positive Y-Achse nach oben, die positive Z-Achse zeigt aus dem Bildschirm heraus. Die Z-Achse kommt bei der Beschreibung von Layers in drei Dimensionen ins Spiel. Im Moment können Sie Layers als zweidimensionale Objekte betrachten, deren Ursprung die untere linke Ecke des Fensters ist. Sie wissen, dass Layers in eine Hierarchie eingebettet sind; und bis jetzt haben die Beispiele einige Aspekte der Geometrie eines Layers gestreift. In diesem Abschnitt werden die Details der Layer-Geometrie behandelt. Die erste Property ist das Fame-rectangle eines Layers.

9.2.1 Frame

Das Frame-`rectangle` gehört zum Koordinatensystem des übergeordneten Layers. Wenn Sie die `frame`-Property setzen, positionieren Sie also den Layer innerhalb seines übergeordneten Layers. Das `frame` des `root`-Layers bestimmt seine Position innerhalb der ihn hostenden View. Abbildung 9.3 zeigt, dass der Ursprung des `image1`-Layers bei (25,10) liegt und seine Breite und Höhe jeweils 40 betragen. Deshalb ist der `image1`-Layer im `root`-Koordinatensystem quadratisch und vom rechten Rand zweieinhalb Mal weiter entfernt als vom unteren Rand. Es ist wichtig anzumerken, dass sich diese Koordinaten auf das Koordinatensystem des `root`-Layers beziehen, weil dieses Koordinatensystem das Aussehen des `image1`-Layers auf dem Bildschirm beeinflusst. Würde beispielsweise der `root`-Layer um den Faktor ½ in horizontaler Richtung skaliert, würde `image1` in einem Rechteck dargestellt werden, das nur halb so breit wie hoch wäre. Mehr über die Skalierung und Ähnliches erfahren Sie später in diesem Abschnitt.

Außerdem müssen Sie wissen, dass das Frame nicht gespeichert, sondern berechnet wird. Wenn Sie also das Frame setzen, werden in Wirklichkeit zwei andere Properties festgelegt: `bounds` und `position`, die in den beiden folgenden Abschnitten behandelt werden.

9.2.2 Bounds

Das `bounds`-Rechteck definiert das Koordinatensystem für den Sublayer. Alle Inhalte in einem Layer werden relativ zu den `bounds` dieses Layers positioniert. In vielen Fällen wird der `bounds`-Ursprung des Layers auf (0,0) gesetzt, so dass der Inhalt an der erwarteten Stelle positioniert wird. Wenn etwa das Frame für einen Sublayer auf (25,25) gesetzt wird, dann erscheint der Sublayer 25 Einheiten vom linken Rand und 25 Einheiten vom unteren Rand versetzt. In Abbildung 9.3 liegt der `bounds`-Ursprung des `root`-Layers bei (0, 0), deshalb ist `image1` um 25 Einheiten nach rechts und 10 Einheiten nach oben versetzt.

Das nächste Beispiel zeigt einen Fall, in dem der Ursprung von `bounds` nicht auf (0,0), sondern auf (10,0) gesetzt ist (siehe Abbildung 9.4). Obwohl das `frame` von `image1` bei (25,10) liegt, ist es nur um 15 Einheiten nach rechts versetzt, weil der `bounds.origin` von `root` bereits um 10 Einheiten nach rechts versetzt ist. Deshalb werden alle Sublayers in `root` gegenüber den gesetzten und lesbaren Werten um 10 Einheiten nach links versetzt. Dies sollte Ihnen bereits aus der Beschreibung des Scrollings vertraut sein. Ein Scrolling-Layer verwendet die Translation-Properties des `bounds`-Ursprungs, um die Inhalte seines zugrundeliegenden Layers zu verschieben. Wenn die `bounds` des Scrolling-Layers nach rechts oder links und nach oben oder unten verschoben werden, scheinen die zugrundeliegenden Layers unterschiedlich positioniert zu werden. Tatsächlich wird aber der Scroll-Layer »verschoben« und das zugrundeliegende Dokument bleibt innerhalb des Koordinatensystems seines übergeordneten Layers »stehen«.

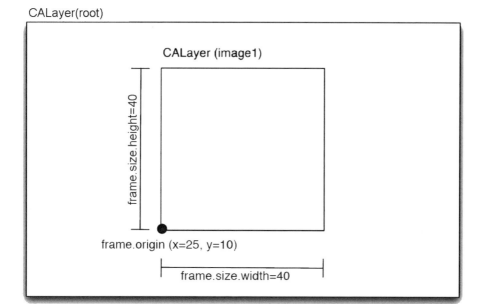

Abb. 9.3: frame-Property

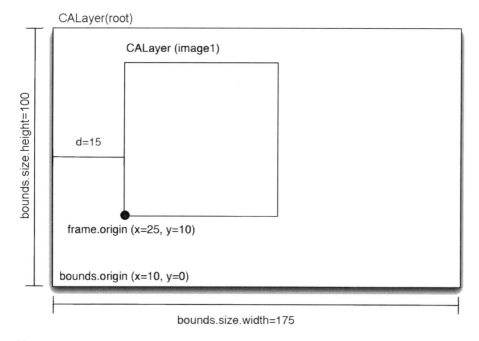

Abb. 9.4: bounds-Property eines Layers

9.2.3 Position

Die `position`-Property spezifiziert die Position eines Layers im Koordinatensystem seines übergeordneten Layers. Sie unterscheidet sich von der `frame.origin`-Property, weil die Position nicht auf der unteren linken Ecke des Layers, sondern seinem `anchorPoint` (nächster Abschnitt) basiert. Im Wesentlichen können Sie mithilfe der `position` die Positionierung, Skalierung oder Drehung des Layers verallgemeinern. Alle Transformationsoperationen arbeiten mit der `position` und nicht mit dem `frame.origin` in der unteren linken Ecke. Der `anchorPoint` vermittelt Ihnen klarer, was die `position`-Property ist und wie sie funktioniert.

9.2.4 AnchorPoint

Der `anchorPoint` ist der Punkt, um den herum alle Transformationen und Positionierungen erfolgen. Sie können den `anchorPoint` mit einem Punkt vergleichen, an dem der Layer wie mit einem Pin (Stecknadel) an seinem übergeordneten Layer »befestigt« ist. Wird der Layer verschoben, wird sein `anchorPoint` gewissermaßen gelöst und an der neuen Stelle wieder befestigt. Wird der Layer gedreht, ist der `anchorPoint` der Drehpunkt. Wird der Layer skaliert, bildet der `anchorPoint` den Ursprung.

Der `anchorPoint` ist *normalisiert*. Dies bedeutet, dass seine Koordinaten, ähnlich wie ein Prozentwert, zwischen 0,0 und 1,0 liegen. Der Standardwert für den `anchorPoint` ist (0,5, 0,5). Das heißt, er liegt ursprünglich in der Mitte des Layers (siehe Abbildung 9.5).

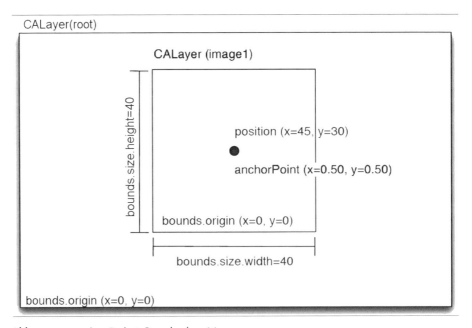

Abb. 9.5:   `anchorPoint`-Standardposition

Dies ist derselbe Layer, um den es auch weiter oben bei der frame-Property ging. In dieser Abbildung stehen aber die bounds und die position im Vordergrund.

Zur Erinnerung: Die position ist der Punkt in dem übergeordneten Layer, an dem der anchorPoint liegt. Wenn der anchorPoint in dem Layer verschoben wird, wird der Layer relativ zu seinem übergeordneten Layer neu positioniert. Einige Diagramme sollen dies konkretisieren. Die frame-Referenzen in den folgenden Diagrammen werden in der Form {{x, y}, {width, height}} spezifiziert, damit sie der CGRect-struct entsprechen.

Abbildung 9.6 zeigt den anchorPoint an seiner Standardposition von (0,5, 0,5). Deshalb hat das frame des image1-Layers die Werte {{25, 10}, {40, 40}}.

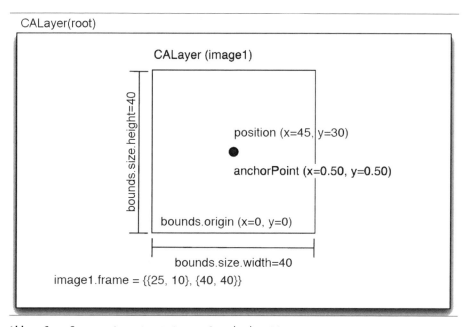

Abb. 9.6: frame mit anchorPoint an Standardposition

In Abbildung 9.7 ist der anchorPoint nach {0,25, 0,5} verschoben. Beachten Sie, wie sich das frame von image1 geändert hat. Der frame-Ursprung hat sich von {25, 10} nach {35, 10} verschoben. Da die frame width des image1-Layers 40 beträgt und der anchorPoint um 25 Prozent nach links verschoben wurde, multiplizieren Sie 0,25 mit 40 (die anchorPoint-Verschiebung multipliziert mit der Breite) und erhalten 10 Einheiten. Der Layer verschiebt sich dann optisch um 10 Einheiten nach rechts, weil die Position bei {45, 30} konstant geblieben ist.

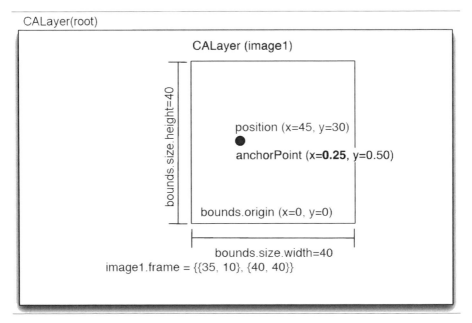

Abb. 9.7: frame mit verschobenem anchorPoint

Die anchorPoint-Property ist etwas gewöhnungsbedürftig. Sie müssen ein wenig herumprobieren, um sich mit ihr vertraut zu machen. (Der Begleitcode dieses Buches enthält eine Beispielanwendung, bei der Sie den anchorPoint mit einem Slider ändern können.) Doch inzwischen sollten Sie sich nicht zu viele Gedanken darüber machen, weil der anchorPoint meistens seine Standardposition in der Mitte des Layers behält. Im nächsten Abschnitt geht es um die cornerRadius-Property.

9.2.5 Eckradius

Mit der cornerRadius-Property können Sie den Krümmungsradius der Ecken des Layers festlegen. Gerundete Ecken werden zwar nicht immer benötigt, können dem UI aber ein »weicheres« Aussehen geben. Wenn Sie den Layer zum Clipping seines Inhalts einsetzen, können Sie beispielsweise in dem Layer einen Film mit gerundeten Ecken abspielen. Aber damit greife ich voraus. Filme in Layers werden in Kapitel 11, *Medien-Layers*, behandelt.

9.2.6 Layer-Tiefe

Jeder Layer verfügt über eine implizite Tiefe oder auch Standardtiefe relativ zur Z-Achse des Fensters. Die Tiefe wird mit der zPosition-Property spezifiziert. Ihr Standardwert ist null. Wenn Sie Sublayers hinzufügen, hat jeder zunächst eine zPosition von null. Alle Sublayers werden in der Reihenfolge ihrer Positionen in dem Sublayers-Array angezeigt. Wenn Sie zPosition ändern, wird diese Reihenfolge der Tiefe entsprechend geändert. Layers mit der kleinsten (oder negativsten) zPosition werden zuerst angezeigt; Layers mit höheren zPositions werden zuletzt angezeigt. Der Inhalt wird erst nach der zPosition angeordnet. Haben dann Sublayers dieselbe zPosition, werden sie nach ihrer Reihenfolge in dem Sublayers-Array angezeigt. Die zPosition wird bei der Positionierung von Layers im 3D-Raum eingehender behandelt.

9.2.7 Transformationen

Transformationen ändern das Aussehen eines Layers durch Anwendung von Matrixoperationen auf die Layer-Geometrie. Eine ausführlichere Beschreibung der mathematischen Grundlagen der Matrixmanipulation von Koordinatensystemen sprengt den Rahmen dieses Buches. Doch Sie müssen diese Details auch nicht kennen, um Transformationen anzuwenden. Es gibt viele Methoden, um die Geometrie eines Layers zu transformieren. Doch in diesem Abschnitt werden nur Translation, Skalierung und Drehung behandelt. Perspektivische Transformationen werden im Abschnitt über Layers im 3D-Raum beschrieben.

Bei der *Translation* wird zu jeder Komponente jedes Punktes in dem Koordinatensystem des Layers eine Konstante addiert. Anders ausgedrückt: Sie können eine Translation als einfache Verschiebung des Layers um einen spezifizierten Betrag entlang aller Achsen auffassen. Die Translationsmatrix wird mit der CATransform3DMakeTranslation-Funktion erstellt. Diese Funktion übernimmt drei Argumente, die Beträge, um die der Layer entlang der Achsen verschoben werden soll. Sie gibt eine CATransform3D-struct zurück, die Sie der transform-Property des Layers zuweisen können.

Bei der *Skalierung* wird jede Komponente jedes Punktes in dem Layer mit einem spezifizierten Faktor multipliziert. Dadurch werden die Inhalte vergrößert (Faktor > 1), verkleinert (0 < Faktor < 1) oder gekippt (Faktor < 0). Die Skalierungsmatrix wird mit der CATransform3DMakeScale-Funktion abgerufen. Sie gibt ebenfalls eine CATransform3D zurück, die Sie als transform-Wert des Layers verwenden können. Das Zentrum der Skalierungsoperation ist der anchorPoint. Wenn Sie also einen Layer um den Faktor 2 entlang der X- und der Y-Achse skalieren und der anchorPoint in der Mitte des Layers liegt, bewegen sich Ränder um einen gleichen Betrag in alle Richtungen. Wurde der anchorPoint verschoben, erfolgt die Skalierung relativ zu der neuen Position.

Bei der *Drehung* wird der Layer um seinen anchorPoint gedreht. Sie erfolgt mit der CATransform3DMakeRotation-Funktion, die vier Argumente übernimmt. Das erste Argument ist der Drehwinkel als Radiant. Die nächsten drei Argumente definieren den Vektor, um den die Drehung erfolgen soll. Oft erfolgt einfach eine Drehung um die Z-Achse (die Achse, die senkrecht aus dem Fenster herauszeigt; dies ist die Operation, an die man normalerweise denkt, wenn von einer »Drehung« einer Form gesprochen wird). So werden beispielsweise für eine Drehung um 45 Grad um die Z-Achse folgende Argumente verwendet: Drehwinkel (45,0 * π / 180,0) und Vektor (0,0, 0,0, 1,0).

Eine ausführlichere Behandlung der Berechnung von 3D-Matrizen sprengt den Rahmen dieses Buches; aber im Internet finden Sie zahlreiche Quellen, die 3D-Transformationen einschließlich der Drehung sehr detailreich abhandeln.

9.3   Layers im 3D-Raum

Sie dürfen nicht vergessen, dass Layers in einer dreidimensionalen Welt existieren. Jeder Layer verfügt nicht nur über die normalen X- und Y-Koordinaten, sondern auch über eine Tiefenkoordinate: Z. Wenn Sie verschiedene Transformationen auf Layers anwenden, können Sie Transformationen in diesem 3D-Raum verschieben und verblüffende Effekte erzielen. Im nächsten Kapitel wird die Front-Row-ähnliche Beispielanwendung aufgegriffen und ausgebaut. Sie werden erfahren, wie Sie mit Ihren neuen Kenntnissen Icons, wie auf der linken Seite des Fensters in Front Row, auf einer Platte verschieben können.

Kapitel 10

Layers in 3D

Es war schon immer eines meiner Axiome, dass die kleinen Dinge das unvergleichlich Wichtigste sind.

Sir Arthur Conan Doyle

In diesem Kapitel werden drei Techniken beschrieben, mit denen Sie layerbasierte Benutzerschnittstellen dreidimensionaler gestalten können. Zunächst geht es um die visuelle Aufbereitung von UI-Elementen, um ihnen ein 3D-Aussehen zu verleihen. Diese Tricks werden schon seit langer Zeit von Digitalkünstlern angewendet, um ihren Werken Tiefenwirkung zu geben. Sie werden diese Technik auf das ausgewählte Menü-Element in der Front-Row-ähnlichen Anwendung anwenden, damit der Benutzer den ausgewählten Layer klar erkennen kann.

Dann werden die Objekte mit der `zPosition`-Property des Layers in einen 3D-Raum eingefügt. Sie werden links neben dem UI Icons einfügen, um die gegenwärtige Auswahl noch stärker zu betonen. Die Icons werden so dargestellt, als würden sie sich auf dem äußeren Rand einer runden Platte im 3D-Raum verschieben.

Im letzten Abschnitt führen Sie dann die Berechnungen aus, um die Objekte auf dem äußeren Rand einer runden Platte im 3D-Raum neben dem Menü zu platzieren. In diesem Abschnitt erfahren Sie, wie Sie mit der `CATransform3D` einige wirklich coole visuelle Effekte realisieren können.

10.1 Dem Aussehen eines Layers Tiefe verleihen

Im Leopard-UI wird das aktive Fenster immer wieder durch einen dramatisch wirkenden Schatten betont. Doch abgesehen davon, dass das Fenster zuletzt dargestellt wird, befindet es sich nicht wirklich »über« den anderen Fenstern. Dieser Eindruck ist ein Gestaltungskniff. Dasselbe gilt für viele layerbasierte Behandlungen der Benutzerschnittstelle. Einige Tricks funktionieren anders; aber die Idee bleibt dieselbe: Die Elemente erhalten durch visuelle Hilfsmittel ein stärkeres 3D-Aussehen.

Betrachten Sie das UI von Front Row. Das ausgewählte Menü-Element (Movies, TV Shows usw.) sieht bei der Hervorhebung 3D-ähnlich aus. Die Front-Row-ähnliche Anwendung soll das ausgewählte Element ebenfalls mit einem 3D-Look darstellen. Das Ziel der Arbeit in diesem Abschnitt besteht darin, das UI der Beispielanwendung ähnlich wie Abbildung 10.1 zu gestalten.

Abb. 10.1: Hervorgehobene Menü-Auswahl

Um das ausgewählte Element hervorzuheben, wurden mehrere Effekte angewendet. Erstens ist es von einem Schatten umgehen, der es aus der Fensterfläche heraushebt. Zweitens suggeriert ein leichtes weißes Highlight am oberen Rand des Layers eine Reflexion. In Kombination lassen diese Effekte den ausgewählten Layer so erscheinen, als würde er aus dem Bildschirm herausragen. In diesem Abschnitt soll das Beispiel aus Kapitel 7, *Core Animation*, um ähnliche Effekte angereichert werden.

Am Ende des vorhergehenden Kapitels verfügte unser Beispiel über einen Scrolling-Layer für die Menü-Elemente, damit das Menü mehr Elemente aufnehmen konnte, als in das Fenster passten. Hier ist das Scrolling weniger wichtiger, weil das Menü nur sieben Elemente enthält. Deshalb werden Sie in diesem Beispiel kaum Scrolling sehen. Doch der erforderliche Code ist immer noch vorhanden und funktioniert, falls Sie letztlich mehr Elemente haben, als in das Fenster passen.

Nun zu dem Code, mit dem dieser neue 3D-Look erzeugt wird. In Abschnitt 5.3, *View-Schatten*, haben Sie erfahren, wie Sie Views mit einem Schatten versehen können. Derselbe Ansatz gilt auch für Layers. Hier besteht der Trick nur darin, die Farbe des Schattens nicht auf eine Graustufe, sondern auf Blau zu setzen. Nicht dass Grau falsch wäre, aber Blau sieht einfach besser aus.

Der andere Effekt, der die Tiefe hinzufügt (und die eigentliche Tiefenwirkung entfaltet), ist die Reflexion auf der oberen Hälfte der Auswahl. Dieser Effekt wird durch einen zusätzlichen Layer erzielt, der seine **bounds** maskiert. Schließlich wird dieser Masking-Layer mit einem Sublayer versehen, dessen Farbe auf Weiß und dessen Deckkraft auf 25 Prozent gesetzt werden. Da der erste Layer seine Sublayers maskiert (verdeckt), bleibt der weiße Layer bis auf den Teil unsichtbar, der innerhalb des Parent-Layers liegt. Der Code konkretisiert diese Beschreibung:

Download LayersIn3D/MenuLayout/MyControllerScroller.m

```
highlightLayer = [CALayer layer];
highlightLayer.masksToBounds = YES;                        // A
highlightLayer.zPosition = -100.0f;
highlightLayer.layoutManager = [CAConstraintLayoutManager layoutManager];
```

Der Code erstellt einfach einen Layer und setzt seinen `layoutManager`. Interessant: Damit die Reflexion überzeugend aussieht, soll der Layer seine Sublayers clippen (A). Beachten Sie auch, dass die `zPosition` des Highlight-Layers gesetzt wird. Die `zPosition` bestimmt, in welcher Reihenfolge die Sublayers dargestellt werden (der entfernteste zuerst). Der Wert −100.0 sorgt dafür, dass der `highlightLayer` hinter allen anderen Sublayers platziert wird, die eine größere `zPosition` haben. Da der Standardwert null ist und die `zPosition` anderer Layers nicht gesetzt wird, wird der `highlightLayer` hinter den anderen Sublayers (dem Pfeil- und dem Text-Layer) angezeigt. Der folgende Code zeigt, wie dieser Layer in seinen übergeordneten Layer eingefügt wird:

Download LayersIn3D/MenuLayout/MyControllerScroller.m

```
[highlightLayer addConstraint:
    [CAConstraint constraintWithAttribute:kCAConstraintWidth
                        relativeTo:@"superlayer"
                        attribute:kCAConstraintWidth]];
[highlightLayer addConstraint:
    [CAConstraint constraintWithAttribute:kCAConstraintHeight
                        relativeTo:@"superlayer"
                        attribute:kCAConstraintHeight]];
[highlightLayer addConstraint:
    [CAConstraint constraintWithAttribute:kCAConstraintMinX
                        relativeTo:@"superlayer"
                        attribute:kCAConstraintMinX]];
[highlightLayer addConstraint:
    [CAConstraint constraintWithAttribute:kCAConstraintMinY
                        relativeTo:@"superlayer"
                        attribute:kCAConstraintMinY]];
```

Dieser Code sorgt dafür, dass der `highlightLayer` unabhängig von dem Menü-Layer, in den er eingefügt wird, immer dieselbe Breite und Höhe hat und dass sein Ursprung auf den Ursprung des Menü-Layers gesetzt wird. Anders ausgedrückt: Dieser `highlightLayer` wird direkt unter den Menü-Layer positioniert und nimmt denselben Raum ein. (Da seine `zPosition` den Wert −100 hat, wird er hinter dem Text dargestellt.) Der folgende Code erzeugt die Reflexion:

Download LayersIn3D/MenuLayout/MyControllerScroller.m

```
CALayer *reflectionLayer = [CALayer layer];
reflectionLayer.backgroundColor = [self white];
reflectionLayer.opacity = 0.25f;
reflectionLayer.cornerRadius = 6.0f;
```

Hier wird der Layer mit dem Reflexionseffekt erstellt. In der zweiten Zeile wird die Farbe auf Weiß und die Deckkraft auf 25 Prozent gesetzt. Da der Layer durchscheinend ist, sieht er wie eine Reflexion aus. Dies ist ein wesentlicher Aspekt der Illusion. Schließlich wird der Krümmungsradius der Ecke auf 6 gesetzt, damit die Ränder des ausgewählten Layers abgeschrägt aussehen. In diesem Beispiel reicht es aus, eine deckende weiße Farbe in dem Reflexions-Layer zu verwenden; aber der Effekt würde mit einem Gradienten noch überzeugender wirken. Anstatt die Hintergrundfarbe für diesen Layer zu setzen, könnten Sie einen Gradienten darstellen (entweder mit einem Delegate oder durch eine Unterklasse von `CALayer`; siehe Kapitel 8, *Core-Animation-Layers*; dort finden Sie weitere Details über das Zeichnen in Layers). Der Gradient würde den Effekt noch realistischer aussehen lassen. Schließlich fügt der folgende Code den Reflexions-Layer in den Highlight-Layer ein:

Download LayersIn3D/MenuLayout/MyControllerScroller.m

```
[reflectionLayer addConstraint:
   [CAConstraint constraintWithAttribute:kCAConstraintWidth
                      relativeTo:@"superlayer"
                      attribute:kCAConstraintWidth]];
[reflectionLayer addConstraint:
   [CAConstraint constraintWithAttribute:kCAConstraintHeight
                      relativeTo:@"superlayer"
                      attribute:kCAConstraintHeight]];
[reflectionLayer addConstraint:
   [CAConstraint constraintWithAttribute:kCAConstraintMinX
                      relativeTo:@"superlayer"
                      attribute:kCAConstraintMinX]];
[reflectionLayer addConstraint:
   [CAConstraint constraintWithAttribute:kCAConstraintMinY
                      relativeTo:@"superlayer"
```

```
                    attribute:kCAConstraintMidY
                      offset:self.offset/2.0f]];   // A
[highlightLayer addSublayer:reflectionLayer];
```

Mit diesen Constraints hat der reectionLayer immer dieselbe Breite und Höhe wie der highlightLayer und horizontal auch denselben X-Ursprung. Doch sein Y-Ursprung ist um eine halbe Höhe versetzt (A). Wenn der highlightLayer seine Sublayers maskicrt, wird dieser weiße durchsichtige Layer geclippt. Würde der highlightLayer seine Sublayers nicht maskieren, wäre der reectionLayer außerhalb von highlightLayer sichtbar und würde nicht wie eine Reflexion aussehen. Sie sollten mit dem Beispiel herumexperimentieren und die Maskierung ausschalten, um den Effekt in diesem Fall zu studieren.

Der folgende Code zeigt, wie die Effekte auf den ausgewählten Layer angewendet werden:

Download LayersIn3D/MenuLayout/MyControllerScroller.m
```
itemLayer.shadowOpacity = 0.85f;
CALayer *highlight = [self highlightLayer];
[itemLayer addSublayer:highlight];
```

In diesen wenigen Codezeilen werden die Effekte auf den ausgewählten Menü-Layer angewendet. Der Schatten wird sichtbar gemacht, indem seine Deckkraft auf 85 Prozent gesetzt wird. Dann wird der highlightLayer hinzugefügt. Wird ein anderer Menü-Layer ausgewählt, muss einfach der highlightLayer von seinem übergeordneten Layer entfernt werden und die Deckkraft des Schattens muss wieder auf 0 Prozent gesetzt werden. Dann verschwinden die Effekte.

Nachdem gezeigt wurde, wie ein Layer durch optische Tricks ein 3D-Aussehen erhalten kann, geht es im folgenden Abschnitt um die Platzierung eines Layers im 3D-Raum.

10.2 Anwendungsspezifisches Layer-Layout

Nachdem das Menü auf der rechten Seite des Layers fertig ist, kommen die Bilder auf der Platte auf der linken Seite an die Reihe. Zu diesem Zweck werden die Icons (mit einer anwendungsspezifischen Layout-Klasse) in einem 3D-Raum positioniert, damit sie auf dem äußeren Rand einer 3D-Platte angezeigt werden können. Es werden zwei Ansätze gezeigt, damit Sie verschiedene Möglichkeiten kennen lernen, mit Core Animation 3D-Benutzerschnittstellen zu erstellen. Der erste Ansatz verwendet Koordinaten, um die Positionen der Bilder nachzubilden, die sich auf der Platte bewegen. Der zweite Ansatz arbeitet mit 3D-Transformationen (siehe Abschnitt 10.3, *3D-Transformationen*).

10.2.1 NSKeyValueCoding Extensions

Die Klassen `layer` und `animation` sind von dem `NSKeyValueCoding`-Protokoll abgeleitet und unterstützen zusätzlich beliebige Keys. Damit können Sie beliebige Attribute zu Instanzen von `CALayer` und `CAAnimation` hinzufügen. Üblicherweise werden diese Funktionen bei der Erstellung anwendungsspezifischer Layouts verwendet. Sie können damit `setValue:forKey:` mit Keys aufrufen, die in dem jeweiligen Layer nicht existieren. Der Layer speichert einfach den Wert unter dem übergebenen Key und gibt den Wert auf Anforderung zurück. Mit dieser Funktion werden hier Informationen verwaltet, mit denen Sie das anwendungsspezifische Layout einfacher implementieren können.

Bevor es in die Details der Erstellung dieser Benutzerschnittstelle geht, soll Abbildung 10.2 das gewünschte Ergebnis zeigen.

Abb. 10.2: Icons auf dem Plattenrand

Rechts befinden sich die sieben Menü-Elemente, die Sie aus dem vorhergehenden Abschnitt kennen und die Sie mithilfe der Pfeiltasten auswählen können. Links befinden sich ein Satz von Icons, die auf einer Platte angeordnet sind, die in den Bildschirm hineinzugehen scheint. Wählen Sie ein Menü-Element aus, wird die Platte gedreht und das zugehörige Icon in den Vordergrund geholt. Natürlich ist die Animation auf Papier nicht zu sehen; deshalb sollten Sie die Anwendung starten und selber schauen.

Die Bilder in diesem Beispiel sind einfache Systembilder. Sie wurden gewählt, weil sie in jeder Distribution von Mac OS X Leopard enthalten sind. Um Sie nicht damit zu verwirren, die Bilder von verschiedenen Anwendungen an verschiedenen Stellen zusammenzusuchen, ist es einfacher, diese Systembilder zu verwenden, die an wohldefinierten Stellen gespeichert sind.

Im folgenden Code wird diese Anwendung eingerichtet. Der Code wurde aus der awakeFromNib-Methode des Controllers (aus dem vorhergehenden Beispiel) extrahiert.

Download LayersIn3D/Platter/MyController.m
```
CALayer *platterLayer = [self platterLayer];
[view.layer addSublayer:platterLayer];
[view.layer setValue:platterLayer forKey:@"platterLayer"];
[self performSelectorOnMainThread:@selector(selectItemAt:)
                withObject:[NSNumber numberWithInteger:0]
            waitUntilDone:NO];
```

Hier wird der platterLayer (für die Platte) erstellt und dann als Sublayer zu der View hinzugefügt. Außerdem wird er unter dem Key platterLayer gespeichert (siehe die Beschreibung der Key-Value-Codierung weiter vorne in diesem Abschnitt), damit Sie ihn leicht finden können, wenn die Auswahl geändert wird. Der folgende Code erstellt und konfiguriert den platterLayer:

Download LayersIn3D/Platter/MyController.m
```
- (CALayer *)platterLayer {
  CALayer *platterLayer = [CALayer layer];
  platterLayer.layoutManager =                                    // A
      [PlatterLayoutManager layoutManager];
  NSArray *imageNames =
      [NSArray arrayWithObjects:NSImageNameBonjour,
          NSImageNameDotMac, NSImageNameComputer,
          NSImageNameFolderBurnable, NSImageNameFolderSmart,
          NSImageNameNetwork, NSImageNameColorPanel, nil];
  NSArray *imageLayers =                                          // B
      [self platterImageLayersForImageNames:imageNames];
  platterLayer.sublayers = imageLayers;
  [platterLayer addConstraint:
      [CAConstraint constraintWithAttribute:kCAConstraintMinX
                              relativeTo:@"superlayer"
                              attribute:kCAConstraintMinX]];
  [platterLayer addConstraint:
      [CAConstraint constraintWithAttribute:kCAConstraintMaxX
                              relativeTo:@"superlayer"
                              attribute:kCAConstraintMidX]];
  [platterLayer addConstraint:
      [CAConstraint constraintWithAttribute:kCAConstraintMinY
```

```
                            relativeTo:@"superlayer"
                            attribute:kCAConstraintMinY]];
    [platterLayer addConstraint:
        [CAConstraint constraintWithAttribute:kCAConstraintMaxY
                            relativeTo:@"superlayer"
                            attribute:kCAConstraintMaxY]];
    return platterLayer;
}
```

In dieser Methode wird der Platten-Layer mit Constraints und Sublayers erstellt
und konfiguriert. Dem Platten-Layer wird ein anwendungsspezifischer Layout-
Manager zugewiesen (A), der von der PlatterLayoutManager-Klasse abgeleitet
wird. Dann werden die Sublayers erstellt (B); danach wird das Sublayers-Array
gesetzt. In den folgenden Zeilen wird der Platten-Layer in seinen übergeordneten
Layer eingebettet.

Bevor ich näher auf den anwendungsspezifischen Layout-Manager eingehen kann,
müssen Sie noch etwas mehr über das informelle CALayoutManager-Protokoll wissen. Dieses Protokoll spezifiziert Methoden, mit denen Sie die Sublayers eines Layers nach eigenen Vorstellungen layouten können. Es enthält drei Methoden.

10.2.2 CALayoutManager invalidateLayoutOfLayer

Die Methode invalidateLayoutOfLayer: wird am Anfang des Layoutprozesses
aufgerufen, um dem Manager Gelegenheit zu geben, zwischengespeicherte Daten
zu beseitigen. In diesem Beispiel werden keine Informationen zwischengespeichert. Deshalb muss diese Methode nicht implementiert werden.

10.2.3 CALayoutManager layoutSublayersOfLayer

Die Methode layoutSublayersOfLayer: enthält den Layout-Code. Sie ist dafür
verantwortlich, die Sublayers des Layers an den richtigen Stellen zu platzieren. Sie
haben einen großen Spielraum und können die Sublayers beliebig positionieren,
um die von Ihnen gewünschten Effekte zu erzielen.

Zur Erinnerung: Die Methode in dem Beispiel soll alle Bild-Layers so anordnen,
dass der Eindruck entsteht, sie stünden auf dem Rand einer 3D-Platte. Die Bilder,
die in dem Sublayers-Array mit den Menü-Selektionen unter dem ausgewählten
Layer stehen, sollen mit wachsendem Abstand weiter hinten und weiter links
angeordnet werden. Die Bilder, die in dem Sublayers-Array über dem ausgewählten Layer stehen, sollen auf der linken Seite des Layers verschwinden. Hier sind
die für dieses Layout erforderlichen Hauptschritte:

1. Suche den ausgewählten Bild-Layer und seinen Index in dem Sublayers-Array.

2. Iteriere durch die Liste der Sublayers.

3. Wenn der ausgewählte Layer erreicht ist, platziere ihn vertikal zentriert dicht neben die rechte Seite des Layers.

4. Wenn ein Layer über dem ausgewählten Layer liegt, schiebe ihn nach links aus dem Fenster, mache ihn größer und erhöhe seine zPosition.

5. Wenn ein Layer unter dem ausgewählten Layer liegt, schiebe ihn etwas nach links, mache ihn etwas kleiner und verringere seine zPosition.

Hier ist der Code für die layoutSublayersOfLayer:-Methode:

```
Download LayersIn3D/Platter/PlatterLayoutManager.m
- (void)layoutSublayersOfLayer:(CALayer *)layer {
  NSNumber *selectedItemIndex = [layer valueForKey:@"selectedItem"]; // A
  NSInteger selectedItemIndexInt = [selectedItemIndex intValue];
  CALayer *selectedImageLayer = [[layer sublayers]
                                  objectAtIndex:selectedItemIndexInt];
  CGRect layerBounds = layer.bounds;
  CGPoint selectedPosition = CGPointMake(                           // B
      layerBounds.size.width - selectedImageSize / 1.5f,
      layerBounds.size.height / 2.0);
  NSInteger index = 0;
  for(index = 0;index < [[layer sublayers] count];index++) {       // C
    CALayer *sublayer = [[layer sublayers] objectAtIndex:index];
    if(sublayer == selectedImageLayer) {
      selectedImageLayer.zPosition = 100.0f;
      selectedImageLayer.bounds = CGRectMake(0.0f, 0.0f,
                                             selectedImageSize,
                                             selectedImageSize);
      selectedImageLayer.position = selectedPosition;
    } else {                                                       // D
      NSInteger offset = selectedItemIndexInt - index;
      if(offset > 0) {
        sublayer.bounds = CGRectMake(0.0f, 0.0f,
                                     selectedImageSize * 2.0f,
                                     selectedImageSize * 2.0f);
        sublayer.position =
            CGPointMake(-selectedImageSize * 2.0f,
                        selectedPosition.y + selectedImageSize/2.0f);
        sublayer.zPosition = 200.0f;
      } else {
        CGFloat unselectedImageSize =
            selectedImageSize * (1.0f + (0.35f * offset));
        sublayer.bounds = CGRectMake(0.0f, 0.0f,
                                     unselectedImageSize,
```

```
                                    unselectedImageSize);
        sublayer.position =
            CGPointMake(selectedPosition.x + (offset * 135.0f),
                        selectedPosition.y + (offset * 5.0f));
        sublayer.zPosition = offset * 30.0f;
      }
    }
  }
}
```

Der Index des ausgewählten Bild-Layers wird abgefragt (A); dann wird der `selectedImageLayer` aus den Sublayers des Layers abgerufen und die Position des ausgewählten Bildes berechnet (ab B). Die Zahlenwerte haben keine spezielle Bedeutung, sondern spiegeln nur meinen Geschmack wider. Sie sollten sie probeweise ändern, um zu studieren, wie sich das Layout dadurch ändert.

Dann werden die Sublayers durchlaufen (ab C). Zunächst wird geprüft, ob der ausgewählte Layer erreicht wurde. Ist dies der Fall, werden seine Position, `zPosition` und `bounds` gesetzt. Andernfalls muss der Layer nach hinten und nach links oder nach vorne und nach links verschoben werden (ab D). Ist der Offset größer als null, liegt der Layer vor dem ausgewählten Layer; deshalb muss er nach links verschoben und seine `zPosition` vergrößert werden. Außerdem wird er vergrößert, um den Eindruck zu verstärken, er bewegte sich auf den Benutzer zu.

Schließlich werden die Layers positioniert, die sich hinter dem ausgewählten Layer befinden. Ihre Größe wird mit jedem Entfernungsschritt um 35 Prozent verringert; außerdem werden sie weiter nach hinten und links versetzt. Auch hier spiegeln die Zahlenwerte meinen Geschmack wider. Sie sollten auch andere Zahlenwerte ausprobieren.

10.2.4 CALayoutManager preferredSizeOfLayer

Die Methode `preferredSizeOfLayer` wird aufgerufen, wenn die `preferredFrameSize`-Methode des Layers ausgeführt wird. Der Layout-Manager ist dafür verantwortlich, die bevorzugte Größe des Layers zu berechnen und zurückzugeben. Sie hängt vom Zweck des Layouts ab. Einige Implementierungen machen den Layer groß genug, um alle Sublayers aufzunehmen, andere beschränken die Größe auf eine Untermenge der Sublayers. Die Implementierung dieser Methode ist optional. Wird sie nicht implementiert, wird standardmäßig die Größe des `bounds`-Rechtecks des Layers zurückgegeben.

Der folgende Code zeigt, wie der Controller in diesem Beispiel den ausgewählten Bild-Layer ändert und den Layout-Manager anweist, das Layout für die Bilder zu erstellen:

Download LayersIn3D/Platter/MyController.m

```
[platterLayer setValue:[NSNumber numberWithInteger:value]
        forKey:@"selectedItem"];
[platterLayer setNeedsLayout];
```

Der ausgewählte Index wird per Key-Value-Codierung gesetzt. Durch den Aufruf von `setNeedsLayout` wird der Layer dann angewiesen, das Layout durchzuführen. Dieser Aufruf von `setNeedsLayout` ist vergleichbar mit dem vertrauten `setNeedsDisplay:` bei `NSView`.

In diesem Abschnitt wurde ein Layout-Manager gezeigt, der den 3D-Platten-Effekt simuliert. Obwohl dies großartig aussieht und reibungslos funktioniert, ist manchmal eine genauere 3D-Repräsentation des gewünschten Effekts erforderlich. Im nächsten Abschnitt fügen Sie die Layers mit `CATransform3Ds` viel genauer in den 3D-Raum ein als bei dieser Simulation.

10.3 3D-Transformationen

In dem vorhergehenden Beispiel wurde 3D durch Setzen der `zPosition`-Property simuliert. Die Werte wurden manuell berechnet (oder durch Herumprobieren gefunden). In vielen Fällen reichen diese Techniken aus. Wenn Sie den gewünschten Effekt durch manuelle Positionierung eines Layers erzielen können, sollten Sie diesen Weg wählen, weil er oft leichter ist. Doch wenn Sie viel Code schreiben müssen, um ein 3D-Aussehen Ihrer Objekte zu erzielen, sollten Sie eine echte 3D-Transformation in Betracht ziehen, weil Sie Ihren Code damit erheblich vereinfachen können. In diesem Fall müssen Sie mit der `transform`-Property arbeiten.

Wie im vorhergehenden Beispiel wird die meiste Arbeit im Layout-Manager geleistet. Abbildung 10.3 zeigt eine vereinfachte Version der angestrebten Darstellung. Die Platte ist um einige Grad um die X-Achse gedreht, um die Schrägaufsicht zu erzielen. Dann werden die Icons am äußeren Rand der Platte in gleichen Abständen angeordnet. Das ausgewählte Element steht jeweils rechts. Wird die Auswahl geändert, wird die Platte zum nächsten Icon gedreht.

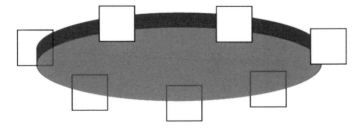

Abb. 10.3: Eine vereinfachte 3D-Repräsentation der Platte und der Icons

Hier sind die Schritte, um die gewünschte Darstellung zu realisieren:

1. Führe eine Translation (Verschiebung) des Mittelpunkts der Platte durch (A).

2. Führe eine Translation vom Mittelpunkt zum Umfang durch (B).

3. Richte die Drehung um die X-Achse ein (C).

4. Iteriere durch die Sublayers.

5. Wende die Translationen und Drehungen an, um die Transformationsmatrix zu erstellen.

6. Weise die Transformationsmatrix dem Layer zu (H).

Hier ist der Code, der diese Schritte konkretisiert:

```
Download LayersIn3D/Platter3DTransform/Platter3DLayoutManager.m
- (void)layoutSublayersOfLayer:(CALayer *)layer {
  CGFloat platterRadius = 600.0f;
  NSNumber *selectedItemIndex =
      [layer valueForKey:@"selectedItem"];
  NSInteger selectedItemIndexInt = [selectedItemIndex intValue];

  CGFloat platterXCenter =
      (layer.bounds.size.width * 3.0f/4.0f) - platterRadius;
  CGFloat platterYCenter = layer.bounds.size.height / 2.0f;

  CATransform3D platterCenterTranslate =                        // A
      CATransform3DMakeTranslation(platterXCenter,
                                   platterYCenter,
                                   0.0f);

  CATransform3D platterRadiusTranslate =                        // B
      CATransform3DMakeTranslation(platterRadius,
                                   0.0f, 0.0f);

  CGFloat xRotationAngle = 2.5f * M_PI/180.0f;

  CATransform3D xRotation =                                     // C
      CATransform3DMakeRotation(xRotationAngle,
                                1.0f, 0.0f, 0.0f);

  NSInteger index = 0;
  for(index = 0;index < [[layer sublayers] count];index++) {
    NSInteger offset = index - selectedItemIndexInt;           // D
    CALayer *sublayer =
```

```
        [[layer sublayers] objectAtIndex:index];
    CGFloat angle = offset * 360.0f/7.0f * M_PI/180.f;        // E
    CATransform3D yRotation =
        CATransform3DMakeRotation(angle, 0.0f, 1.0f, 0.0f);
    CATransform3D intermediate =                              // F
        CATransform3DConcat(xRotation, platterCenterTranslate);
    intermediate = CATransform3DConcat(yRotation, intermediate);
    intermediate =                                            // G
        CATransform3DConcat(platterRadiusTranslate, intermediate);
    CATransform3D minusYRotation =
        CATransform3DMakeRotation(-angle, 0.0f, 1.0f, 0.0f);
    sublayer.transform =                                      // H
        CATransform3DConcat(minusYRotation, intermediate);
}

NSInteger forwardIndex = (selectedItemIndexInt + 6) % 7;      // I
CALayer *forwardLayer =
    [[layer sublayers] objectAtIndex:forwardIndex];
CATransform3D scale = CATransform3DMakeScale(1.2f, 1.2f, 1.0f);
forwardLayer.transform =
    CATransform3DConcat(scale, forwardLayer.transform);

NSInteger backwardIndex = (selectedItemIndexInt + 1) % 7;
CALayer *backwardLayer =
    [[layer sublayers] objectAtIndex:backwardIndex];
scale = CATransform3DMakeScale(0.8f, 0.8f, 1.0f);
backwardLayer.transform =
    CATransform3DConcat(scale, backwardLayer.transform);
}
```

Zuerst werden einige Transformationen erstellt, die später benötigt werden. CATransform3D ist eine C-struct, mit der Core Animation eine 3D-Transformation repräsentiert. Die mathematischen Grundlagen von 3D-Transformation sprengen den Rahmen dieses Buches. Hier wird nur kurz beschrieben, was diese Transformationsmatrizen bewirken.

Die erste Transformation (A) ist eine einfache Translation. Mit einer Translation können Sie Layers im 3D-Raum positionieren. Diese Transformation verschiebt den Punkt um platterXCenter in der X-Dimension, um platterYCenter in der Y-Dimension und um 0.0 in der Z-Dimension. Der Mittelpunkt der Platte wird in der Vertikalen des Layers zentriert und an den linken Rand des Layers verlegt.

Die nächste Transformation verschiebt die Layers an den Rand der Platte, indem sie sie um platterRadius Einheiten entlang der X-Dimension versetzt. Dies wirft die Frage auf, wie diese Transformationsmatrizen kombiniert werden. Würden wir diese Translation einfach auf die Layers anwenden, würden sie letztlich alle an derselben Stelle stehen. Stattdessen wird die Platte nach einer Translation an ihren Rand gedreht (wie, wird etwas später beschrieben).

Schließlich wird die Drehung um die X-Achse erstellt (C), um eine leichte Schrägsicht auf die Platte zu erzeugen.

Diese drei Transformationsmatrizen werden an dieser Stelle erstellt, weil sie sich, im Gegensatz zu den folgenden Transformationen, nicht für jeden Layer ändern. Sie werden einfach bei der Iteration wiederverwendet.

Bei der Iteration durch die Liste der Sublayers muss jeder Layer im gleichen Abstand auf dem Rand der Platte positioniert werden. Der ausgewählte Layer muss jeweils in der Mitte ganz rechts stehen. Zuerst wird der Offset berechnet (D). Dieser Offset ist für Layers hinter dem ausgewählten Layer positiv, für Layers vor dem ausgewählten Layer negativ und für den ausgewählten Layer null. Dann wird der Winkel zu dem Punkt auf dem Rand der Platte berechnet (E), an dem der Layer platziert werden soll. Da es sieben Layers gibt, wird 360 (die Gradzahl des Vollkreises) durch sieben dividiert und dann der Wert in Radiant umgewandelt. (Alle Winkel in CA werden in Radiant gemessen.) Als Nächstes wird die Transformationsmatrix für die Y-Drehung erstellt. Diese Transformation bewirkt die Drehung des Layers um die Y-Achse um den Winkel, der im vorhergehenden Schritt berechnet wurde.

Dann wird eine Zwischentransformation erstellt, um die Transformationsmatrix vorzubereiten, die letztlich den Layer an der richtigen Stelle positioniert. Die `CATransform3DConcat()`-Funktion multipliziert ihr zweites Argument mit ihrem ersten und gibt das Ergebnis zurück (F). Es gibt zahlreiche Möglichkeiten, über diese Matrixmultiplikation nachzudenken. Wenn Sie mit OpenGL-Transformationen vertraut sind, verfügen Sie wahrscheinlich bereits über ein mentales Modell. Dann sollten Sie dieses verwenden. Falls nicht, können Sie gerne mein Modell übernehmen.

Schließlich wird die Transformation auf einen Layer angewendet. Transformationen verschieben, drehen oder ändern die Position und/oder Orientierung des Layers im 3D-Raum. Die Reihenfolge, in der diese Transformationen anwendet werden, beeinflusst das Ergebnis. Wenn Sie ein Objekt geradlinig verschieben und dann die Richtung ändern, landen Sie an einer anderen Stelle, als wenn Sie erst die Richtung ändern und dann das Objekt verschieben. Dasselbe gilt auch für die Verkettung von Transformationen. (Tatsächlich werden die Matrizen dabei multipliziert; aber es läuft auf eine »Addition« der Effekte hinaus.) Deshalb ist der erste Aufruf von `CATransform3DConcat()` eine Verschiebung zum Mittelpunkt der Platte und dann eine Drehung um die X-Achse. Als Nächstes wird die Y-Drehung auf das Ergebnis dieser Verkettung angewendet; und schließlich erfolgt die Verschiebung an den Rand der Platte (H).

Dies war eine ganze Menge. Es ist nicht leicht, mit einer Translationsmatrix das gewünschte Verhalten zu erzielen. Doch mit wachsender Erfahrung werden Sie immer intuitiver damit umgehen können. Am besten experimentieren Sie mit den Werten herum und studieren die Ergebnisse.

Am Ende der Schleife macht eine Transformation die Y-Achse-Translation rückgängig, um die Schrägstellung auszugleichen, die von den anderen Transformationen verursacht wird. Manchmal ist dieser Effekt erwünscht, manchmal nicht. In diesem Fall schien mir der Effekt ohne Schrägstellung besser auszusehen, weshalb ich sie mit dieser Translation rückgängig machte. Probieren Sie ruhig die Alternative aus.

Nach der Schleife werden schließlich die Icons vor und hinter dem ausgewählten Icon perspektivisch etwas verzerrt (ab I). Das Icon im Vordergrund wird vergrößert, indem es um 20 Prozent aufwärts skaliert wird. Das Icon im Hintergrund wird verkleinert, indem es um 20 Prozent abwärts skaliert wird. Da immer nur drei Icons gleichzeitig sichtbar sind, muss die perspektivische Transformation nicht auf alle Icons angewendet werden.

Abbildung 10.4 zeigt das fertige UI in Aktion:

Abb. 10.4: Die Icons auf einer 3D-Platte

Wenn Sie die ⭡- und ⭣-Tasten drücken, wird die Auswahl geändert, und die Icons werden auf dem Rand der Platte verschoben. Der Effekt lässt sich auf Papier schlecht demonstrieren; deshalb sollten Sie das Beispiel selbst ausführen.

In diesem Kapitel haben Sie gelernt, wie Layers in einer 3D-Welt positioniert und manipuliert werden. Es gibt mehrere Methoden, einem UI einen 3D-Look zu verleihen. Sie können optische Täuschungen wie etwa Reflexionen auf ausgewählten

Elementen erstellen; Sie können aber auch 3D-Transformationsmatrizen erstellen, mit denen Core Animation Layers in der 3D-Umgebung positioniert.

Die bis jetzt behandelten Techniken bieten Ihnen viel Raum für eigene Experimente. Zum Beispiel könnten Sie dem Benutzer mit Filtern, die die nicht ausgewählten Layers weniger betonen, deutlicher vermitteln, was in der Beispielanwendung passiert. Sie könnten auch die Layers vor dem ausgewählten Layer stärker drehen, wenn sie vom Bildschirm verschwinden. Doch denken Sie immer daran, ob diese Manipulationen dem Benutzer einen echten Mehrwert bieten.

Kapitel 11

Medien-Layers

Wenn Sie Ihr Potenzial absichtlich nicht voll ausschöpfen wollen, prophezeie ich Ihnen, dass Sie für den Rest Ihres Lebens unglücklich sein werden.

Abraham Maslow

Mit Core Animation können Sie auf dem Mac gebräuchliche Medienarten in einem Fenster kombinieren und gleichzeitig animieren. Vor Core Animation war es zwar möglich, einige Controls über ein QuickTime-Movie zu legen, aber der Prozess war wirklich mühsam und fehleranfällig. Der Code war sehr umfangreich und musste langwierig getestet werden. Mit Core Animation ist dies Vergangenheit. Sie können jetzt ziemlich leicht verschiedene Inhaltstypen im selben Fenster kombinieren und mit Layers alle Inhalte gleichzeitig animieren.

In diesem Kapitel stelle ich Ihnen die drei Medien-Layer-Typen vor und zeige Ihnen, wie sie verwendet werden. Das Erste sind QuickTime-Layers, mit denen Sie alle Medientypen laden können, die QuickTime versteht (und dies sind sehr viele). Sie können sogar einen Layer erstellen, der Videoaufnahmen von Ihrer iSight-Kamera abruft. Der zweite Layer-Typ ist der Quartz-Composer-Composition-Layer, der Quartz-Composer-Compositions lädt und ausführt. Der dritte Typ ist schließlich der OpenGL-Layer. Ich beginne mit den QuickTime-Layers.

11.1 QuickTime-Layers

QuickTime ist im Wesentlichen eine Gruppe von APIs und Dateiformaten, mit denen Sie fast jedes vorstellbare Medienformat festhalten, erstellen und abspielen können. QTKit ist das Objective-C-Framework für den Zugriff auf QuickTime. QTKit stellt Ihnen zwei Integrationspunkte für Core Animation zur Verfügung. Mit dem QTMovieLayer können Sie QuickTime-Medien in einem Layer abspielen. Mit dem QTCaptureLayer können Sie Inhalte eines Aufnahmegerätes (wie etwa Ihrer iSight-Kamera) in einen Layer einfügen. Das Besondere ist: Sie können die QuickTime-Inhalte in einem Layer mit allen bisher behandelten Techniken animieren.

QuickTime bildet die Basis für Medien-Funktionalität in iTunes, iMovie, Apples Pro Tools (Final Cut Studio) und Tausenden anderer Tools zur Content-Erstellung. QuickTime ist mit zahlreichen Medientechnologien für Endverbraucher kompatibel, etwa die in Digitalkameras eingebauten Videokameras. Wenn Sie ein Video mit Ihrer Kamera aufnehmen und in iPhoto laden, wird es per QuickTime abgespielt. Wenn Sie also eine Methode suchen, um die Multimedia-Inhalte Ihrer Benutzer in Ihre Anwendung zu integrieren, ist QuickTime die Lösung der Wahl. Wie Sie sich vielleicht denken können, könnte man mit QuickTime ein eigenes Buch füllen; deshalb liefere ich hier nur so viele Details über das QuickTime-API, wie für die Beispiele erforderlich ist.

11.1.1 Movie-Layers

Mit Movie-Layers können Sie alle Inhalte anzeigen, die QuickTime in einen Layer laden kann. Das bedeutet, dass Sie Movies von URLs, aus iPhoto-Libraries Ihrer Benutzer, Inhalte aus Movies-Verzeichnissen oder beliebigen anderen Quellen mit QuickTime-Inhalten laden können. In dem hier gezeigten Beispiel verwenden Sie Movies, die Sie im Hintergrund in iChat (über das Effects-Panel in einem Video-Chat) ablaufen lassen können. Die Movies werden in `QTMovieLayer`-Objekte geladen und dann mit einem Layout-Manager angeordnet. Wenn Sie die Pfeiltasten drücken, wird die Auswahl geändert, und es wird ein anderes Movie abgespielt. Abbildung 11.1 zeigt einen Screenshot der Anwendung in Aktion.

Abb. 11.1:   Movie-Layers in Aktion

Die inaktiven Movies werden unscharf und abwärtsskaliert dargestellt. Das Vordergrund-Movie läuft normal ab. Wenn Sie zwischen den Movies wechseln, wird das laufende Movie angehalten; das neu ausgewählte wird gestartet.

Der Code beginnt in `awakeFromNib`.

```
Download MediaLayers/MovieLayer/MovieLayerView.m
- (void)awakeFromNib {
  self.layer = [CALayer layer];
  self.layer.backgroundColor =
```

```
        CGColorGetConstantColor(kCGColorBlack);
    [self setWantsLayer:YES];
    [self loadMovieLayers];                                  // A
    [self.layer setValue:[NSNumber numberWithInt:0]          // B
                 forKey:@"selectedIndex"];
    self.layer.layoutManager =
        [MovieLayoutManager layoutManager];
    [self playSelectedMovie];                                // C
    [self becomeFirstResponder];
}
```

Abgesehen von dem typischen Setup-Code (Erstellung eines Layers usw.) wird der Movie-Layer mit `loadMovieLayers` geladen (A). Per Key-Value-Codierung wird der ausgewählte Layer gesetzt (B). Anhand des ausgewählten Wertes kann der `MovieLayoutManager` den passenden Layer in die Mitte in den Vordergrund setzen. Dann wird das ausgewählte Movie durch Aufruf von `playSelectedMovie` (C) abgespielt (siehe etwas weiter hinten).

Die `loadMovieLayers`-Methode lädt die Movies und ruft dann `movieLayerWith-Movie:named:` auf, die die Layers erstellt und mit den Movies verknüpft.

Download MediaLayers/MovieLayer/MovieLayerView.m
```
- (void)loadMovieLayers {
  NSError *error = nil;
  NSString *path = @"/System/Library/Compositions";
  NSArray *movieNames = [[NSFileManager defaultManager]
                          contentsOfDirectoryAtPath:path
                          error:&error];
  for(NSString *movieName in movieNames) {
    if(![[movieName pathExtension] isEqualToString:@"mov"]) {    // A
      continue;
    }
    NSString *moviePath =
        [path stringByAppendingPathComponent:movieName];
    if([QTMovie canInitWithFile:moviePath]) {                    // B
      NSError *error = nil;
      QTMovie *movie =
          [QTMovie movieWithFile:moviePath error:&error];        // C
      if(nil == error) {
        CALayer *movieLayer =
            [self movieLayerWithMovie:movie named:movieName];
        [self.layer addSublayer:movieLayer];
      } else {
        NSLog(@"error = %@", error);
      }
```

```
      }
    }
  }
```

Die Abfrage (A) sorgt dafür, dass nur `.mov`-Dateien aus dem Composition-Verzeichnis geladen werden. Dies ist in diesem Beispiel erforderlich, weil QuickTime auch die Quartz-Composer-Compositions in diesem Verzeichnis lädt. Doch da das Beispiel an diesem Punkt noch nicht dafür bereit ist, müssen sie herausgefiltert werden. Dann wird das Movie (B – C) erstellt. Es ist wichtig, den Fehler zu prüfen, den QTMovie zurückgibt, um sicherzustellen, dass das Movie gültig ist. Ist dies der Fall, wird schließlich ein Layer für das Movie erstellt und zum Layer der View hinzugefügt. Die `movieLayerWithMovie:named:`-Methode erstellt den Movie-Layer.

Der Movie-Layer enthält mehrere Sublayers (siehe Abbildung 11.2). Der `holder`-Layer enthält das Movie, den `name`-Layer und den `poster`-Frame-Layer. Das `poster`-Frame wird benötigt, weil neu erstellte Movie-Layers ein Movie erst anzeigen, wenn es abgespielt wird. Doch da der Layer wie das Movie aussehen soll, wird das `posterImage` aus dem Movie abgerufen und über den Movie-Layer gelegt, bis das Movie gestartet wird. Dann wird die `hidden`-Property des `poster`-Layers auf YES gesetzt, damit das `posterImage` abgeblendet und das Movie angezeigt wird.

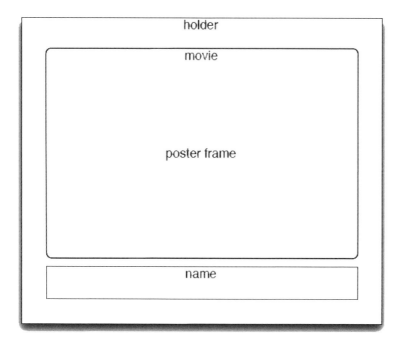

Abb. 11.2:   Layers innerhalb des Movie-Layers

Der folgende Code erstellt den Movie-Layer aus der `movieLayerWithMo-vie:named:`-Methode. Der `QTMovieLayer` wird mit dem Movie erstellt, das in der ersten Zeile angezeigt wird. Da es sich um einen normalen Layer handelt, können Sie alle bisher gelernten Techniken darauf anwenden. Ähnlich wie die anderen `CALayers`, die Sie bereits animiert haben, können Sie diesen Movie-Layer drehen, skalieren, transparent machen und in animierter Form verschieben. Sie können einige ausgefeilte Effekte mit Funktionalität realisieren, etwa eine fernsehähnliche Schnittstelle mit kreativen Übergängen bei einem Kanalwechsel. Die Möglichkeiten sind endlos. Wirklich bemerkenswert ist, dass dies genauso ein Layer ist wie jeder andere, den Sie zusammen mit Views und anderen Layers in eine Benutzerschnittstelle einfügen können (mehr darüber später).

Download MediaLayers/MovieLayer/MovieLayerView.m

```
QTMovieLayer *movieLayer = [QTMovieLayer layerWithMovie:movie];
movieLayer.name = [NSString stringWithFormat:@"movie - %@", movieName];
movieLayer.cornerRadius = 14.0f;
movieLayer.masksToBounds = YES;
[movieLayer addConstraint:
    [CAConstraint constraintWithAttribute:kCAConstraintMidX
                        relativeTo:@"superlayer"
                        attribute:kCAConstraintMidX]];
[movieLayer addConstraint:
    [CAConstraint constraintWithAttribute:kCAConstraintMaxY
                        relativeTo:@"superlayer"
                        attribute:kCAConstraintMaxY
                        offset:-5.0f]];
```

Der Rest der `movieLayerWithMovie:named:`-Methode erstellt und konfiguriert einfach den Rest der `holder`-Layer-Hierarchie. Derartigen Code haben Sie jetzt schon mehrfach gesehen; deshalb geht es gleich mit dem QuickTime-Layer-Code weiter.

Die `playSelectedMovie`-Methode wird am Ende von `awakeFromNib` aufgerufen, um das ausgewählte Movie abzuspielen. Hier ist ihr Code:

Download MediaLayers/MovieLayer/MovieLayerView.m

```
- (void)playSelectedMovie {
  NSInteger selection = [[self.layer valueForKey:@"selectedIndex"] intValue];
  CALayer *holderLayer = [self.layer.sublayers objectAtIndex:selection];
  QTMovie *movie = [holderLayer valueForKey:@"movie"];
  [movie play];
  [[holderLayer valueForKey:@"moviePosterLayer"] setHidden:YES];
}
```

Zunächst wird der ausgewählte Index mit dem Key `selectedIndex` aus dem Layer abgerufen. Dann wird mit seiner Hilfe der korrekte Layer abgerufen. In `movieLayerWithMovie:named:` ist das QTMovie mit dem Key `movie` mit dem Layer verknüpft worden. Nachdem das Movie angewiesen wurde, sich abzuspielen, wird der `moviePosterLayer` auf `hidden` gesetzt, damit nicht das `poster`-Bild, sondern das Movie angezeigt wird. Die Movies müssen mit der `stopSelectedMovie`-Methode angehalten werden, wenn sie nicht mehr im Vordergrund in der Mitte stehen.

Download MediaLayers/MovieLayer/MovieLayerView.m

```
- (void)stopSelectedMovie {
  NSInteger selection = [[self.layer valueForKey:@"selectedIndex"] intValue];
  CALayer *holderLayer = [self.layer.sublayers objectAtIndex:selection];
  QTMovie *movie = [holderLayer valueForKey:@"movie"];
  [movie stop];
}
```

Dieser Code entspricht im Wesentlichen der `playSelectedMovie`-Methode, außer dass das `posterImage` beim Anhalten des Movies nicht manipuliert werden muss. Der ausgewählte Index wird beim Drücken der →-Taste erhöht und beim Drücken der ←-Taste verringert.

Nachdem Sie nun ein Movie starten und stoppen können, müssen Sie wissen, wie der Wechsel zum nächsten bzw. vorhergehenden Movie erfolgt. Die Auswahl wird einfach geändert, indem dem Key `selectedIndex` ein neuer Wert zugewiesen und dann `setNeedsLayout` des Layers aufgerufen wird. Der Layout-Manager sorgt dann dafür, dass alle Layers an der richtigen Position angezeigt werden. Hier ist der Code:

Download MediaLayers/MovieLayer/MovieLayerView.m

```
- (void)moveUp:(id)sender {
  if([[NSApp currentEvent] modifierFlags] & NSShiftKeyMask) {
    [self.layer.layoutManager
      setValue:[NSNumber numberWithBool:YES] forKey:@"slowMoFlag"];
  }
  [self moveToNextMovie];
}

- (void)moveToNextMovie {
  [self stopSelectedMovie];
  NSInteger selection = [[self.layer valueForKey:@"selectedIndex"] intValue];
  NSNumber *newSelection =
    [NSNumber numberWithInt:(selection + 1) % [self.layer.sublayers count]];
  [self.layer setValue:newSelection forKey:@"selectedIndex"];
```

```
  [self.layer setNeedsLayout];
  [self playSelectedMovie];
}
```

In der moveUp:-Methode wird geprüft, ob die ⇧-Taste niedergedrückt ist. Ist dies der Fall, wird die Zeitlupe der Animation eingeschaltet. Dann wird die moveTo-NextMovie-Methode aufgerufen, um die Auswahl und das Layout zu aktualisieren.

In moveToNextMovie wird das gegenwärtig ausgewählte Movie angehalten. Dann wird die Auswahl aktualisiert und dem Layer mitgeteilt, dass das Layout aktualisiert werden muss. Schließlich wird das neu ausgewählte Movie durch einen Aufruf von playSelectedMovie gestartet.

Als Nächstes werden Capture-Layers behandelt. Sie können damit (in einer sehr eingeschränkten Form) einen Teil der Funktionalität von Photo Booth und/oder den Videokonferenzen in iChat nachbilden.

11.1.2 Capture-Layers

Mit Capture-Layers können Sie Videos aufnehmen und in einem Layer abspielen. Sobald sich ein Video in dem Layer befindet, können Sie beliebige Core-Animation-Techniken darauf anwenden. In dem Beispiel (siehe Abbildung 11.3) wird eine Capture-Sitzung mit Ihrem eingebauten iSight (oder einer anderen verbundenen und unterstützten Webcam) eingerichtet und ein Filter ein- und ausgeschaltet.

Abb. 11.3:   Capture-Layer in Aktion

Das UI ist einfach. Es spielt nur ab, was iSight »sieht«. Wenn Sie das Bild anklicken, wird selektiv ein CIBloomFilter über das Bild gelegt. Bei einem weiteren Klick wird er wieder abgeschaltet. Wenn Sie die Anwendung ausführen, werden Sie auch feststellen, dass der Filter animiert ist.

Ein mit einem Gerät aufgenommenes Video zu zeigen, umfasst fünf relativ leichte Schritte. Sie müssen ...

1. eine neue QTCaptureSession erstellen,

2. mit der QTCaptureDevice-Klasse ein Gerät anschließen und öffnen,

3. mit der QTCaptureDeviceInput-Klasse einen neuen Input erstellen,

4. das neue Gerät zu dem Input hinzufügen,

5. den neuen Input in die neue Sitzung einfügen.

Der größte Teil dieses Prozesses läuft in der folgenden captureSession-Methode ab:

```
Download MediaLayers/CaptureLayer/CaptureView.m
- (QTCaptureSession *)captureSession {
  static QTCaptureSession *session = nil;
  if(nil == session) {
    NSError *error = nil;
    session = [[QTCaptureSession alloc] init];
    // Find a video device
    QTCaptureDevice *device =
        [QTCaptureDevice defaultInputDeviceWithMediaType:QTMediaTypeVideo];
    if (device == nil) {
      NSLog (@"trying for a muxed device for video");
      device = [QTCaptureDevice
            defaultInputDeviceWithMediaType:QTMediaTypeMuxed];
    if (device != nil)
      NSLog (@"got a muxed device for video");
    }
    // still no device? time to bail
    if (device == nil) {
      error = [[[NSError alloc] initWithDomain:NSCocoaErrorDomain
                            code:QTErrorDeviceNotConnected
                        userInfo:nil] autorelease];
      [[NSAlert alertWithError:error] runModal];
      return nil;
    }
    [device open:&error];
    if(nil != error) {
      [[NSAlert alertWithError:error] runModal];
```

```
    return nil;
  }
  // Add a device input for that device to the capture session
  QTCaptureDeviceInput *input =
      [[QTCaptureDeviceInput alloc] initWithDevice:device];
  [session addInput:input error:&error];
  if(nil != error) {
    [[NSAlert alertWithError:error] runModal];
    return nil;
  }
}
return session;
}
```

In diesem Code wird eine Standardsitzung erzeugt. Dann wird das Standard-Video-gerät abgerufen, ein Input-Objekt dafür erstellt und dieses Objekt zu der Sitzung hinzugefügt. Dies ist eine wirklich kurze Zusammenfassung des Video-Capturings mit QTKit.

QTKit kann alle angeschlossenen Input-Geräte ermitteln und in einer Liste übergeben, die Sie dem Benutzer präsentieren können. Dann könnten Sie anstelle des Standardgerätes ein vom Benutzer ausgewähltes Gerät verwenden. Doch wie bereits erwähnt, kann ich hier nicht auf die Details von QuickTime eingehen; dies sollte Ihnen jedoch genug Informationen für einen Einstieg geben.

Als Nächstes wird der Layer mit dieser Capture-Sitzung für das UI erstellt:

Download MediaLayers/CaptureLayer/CaptureView.m

```
- (QTCaptureLayer *)captureLayer {
  if(nil == captureLayer) {
    captureLayer =
        [QTCaptureLayer layerWithSession:self.captureSession];  // A
    captureLayer.cornerRadius = 16.0f;
    captureLayer.masksToBounds = YES;
    captureLayer.bounds = CGRectMake(0.0f, 0.0f, 640.0f, 480.0f);
    [captureLayer addConstraint:
        [CAConstraint constraintWithAttribute:kCAConstraintMidX
                                   relativeTo:@"superlayer"
                                    attribute:kCAConstraintMidX]];
    [captureLayer addConstraint:
        [CAConstraint constraintWithAttribute:kCAConstraintMidY
                                   relativeTo:@"superlayer"
                                    attribute:kCAConstraintMidY]];
    [self.layer addSublayer:captureLayer];
    [captureLayer.session startRunning];                        // B
```

```
    }
    return captureLayer;
}
```

Die Capture-Session, die in der `captureSession`-Methode erstellt wird, wird bei der Erstellung des Layers verwendet (A). Jetzt gibt es einen Layer, der dem UI hinzugefügt werden kann. Doch zunächst wird der Layer konfiguriert und mithilfe einiger Constraints in der Mitte der Szene positioniert. Die Capture-Session wird gestartet (B). Diese Zeile weist das QTKit an, die Verbindung zu Ihrer Webcam herzustellen und die Aufnahme von Inhalten zu starten. Wenn Sie diese Zeile vergessen, bleibt Ihr Layer schwarz.

Schließlich schaltet der folgende Code den animierten Bloom-Filter ein oder aus. Wenn Sie das Bild anklicken, legen Sie den Schalter für den Filter um:

Download MediaLayers/CaptureLayer/CaptureView.m

```
- (void)mouseDown:(NSEvent *)event {
  if(self.captureLayer.filters == nil) {
    self.captureLayer.filters = [NSArray arrayWithObject:self.filter];
    [self.captureLayer addAnimation:self.animation
    forKey:@"animateTheFilter"];
  } else {
    [self.captureLayer removeAnimationForKey:@"animateTheFilter"];
    self.captureLayer.filters = nil;
  }
}
```

Die Animation wird hier einfach mit `addAnimation:forKey:` zu dem Layer hinzugefügt. Sie startet sofort. Hier ist der Code für die Animation:

Download MediaLayers/CaptureLayer/CaptureView.m

```
- (CABasicAnimation *)animation {
  if(nil == animation) {
    NSString *keyPath = [NSString stringWithFormat:
                  @"filters.captureFilter.%@", kCIInputRadiusKey];
    animation = [CABasicAnimation animationWithKeyPath:keyPath];
    animation.repeatCount = 1.0e100f;
    animation.duration = 2.0f;
    animation.fromValue = [NSNumber numberWithFloat:1.0f];
    animation.toValue = [NSNumber numberWithFloat:15.0f];
    animation.autoreverses = YES;
  }
  return animation;
}
```

Dies ist eine unkomplizierte Animation, die den Wert des `kCIInputRadiusKey` zwischen 1 und 15 ändert und endlos wiederholt wird. Ein Zyklus dauert zwei Sekunden.

Das `QTCaptureLayer` eröffnet Ihnen zahlreiche neue Möglichkeiten, Anwendungen zu gestalten. Die Video-Chat-Funktionalität von iChat, die Effekte von Photo Booth sind Beispiele für die Funktionalität, die jetzt auch relativ leicht in Ihrer Reichweite liegen.

11.2   Quartz-Composer-Composition-Layers

Weiter vorne im Abschnitt 7.1, *Layer-Hosting Views*, haben Sie einen ersten Eindruck davon bekommen, wie eine Quartz-Composer-Composition in Ihren Anwendungen aussehen könnte. In diesem Abschnitt erfahren Sie, wie Sie eine Composition in einen Layer laden und die Input-Werte der Composition animieren können.

Quartz Composer ist ein visuelles Entwicklungswerkzeug, mit dem Grafikdesigner und Software-Entwickler animierte Grafiken erstellen können. Das Werkzeug verfügt über eine visuelle Programmierumgebung, die es auch Nicht-Programmierern leichtmacht, ansprechende Designs zu entwerfen. Zugleich verfügt sie über leistungsstarke Funktionen, mit denen Entwickler die Compositions per Programm kontrollieren können. Quartz Composer zählt ebenfalls zu den Themen, über die ein ganzes Buch geschrieben werden könnte. Hier habe ich nicht den Platz, um ins Detail zu gehen. Die Composition in dem folgenden Beispiel soll Ihnen ein Gefühl für einen Teil der Möglichkeiten von Quartz Composer vermitteln (siehe Abbildung 11.4).

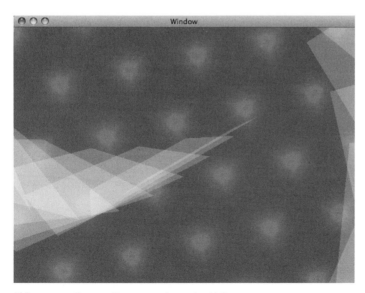

Abb. 11.4:   Quartz-Composer-Layer in Aktion

Dieser Layer zeigt eine Beispiel-Composition aus Quartz Composer. Sie finden sie in:

```
/Developer/Examples/Quartz Composer/Compositions/Graphic Animations/
Cells.qtz
```

Wenn Sie die Anwendung ausführen, können Sie den Layer anklicken, um die Geschwindigkeit der angezeigten Objekte zu ändern. Sie variiert zwischen dem 0,25-Fachen bis zum 3-Fachen der normalen Geschwindigkeit. Der Code wird gleich gezeigt. Wenn Sie diese Composition oder Anwendung haben laufen lassen, fragen Sie sich vielleicht, warum Sie Code schreiben sollten, wenn Sie all diese beeindruckenden Animationen mit Quartz Composer ausführen können. Nun, Quartz-Composer-Compositions eignen sich für viele Dinge, aber Sie haben viel weniger Kontrolle über das Verhalten der Elemente in einer Composition als bei eigenen Layers. Deshalb sollten Sie Quartz Composer für Dinge verwenden, die es gut kann (eigenständige Animationen erstellen), und dann Ihre Schöpfungen mit Layers in Ihre Anwendungen einfügen. Meiner Erfahrung nach kann man nur schwer aufhören, wenn man angefangen hat, mit Quartz Composer herumzuspielen. Sie sollten deshalb eine gewisse Zeit einplanen, um dieses Werkzeug kennen zu lernen.

Nun zu dem Code, mit dem Sie Quartz-Composer-Compositions in Ihre Anwendung integrieren können:

Download MediaLayers/QuartzComposerLayers/QuartzCompositionView.m

```
- (QCCompositionLayer *)compositionLayer {
  return [QCCompositionLayer compositionLayerWithFile:[self compositionPath]];
}
```

Das ist alles! Sie können all die wirklich coolen Compositions, die mit Leopard geliefert werden, mit einer einzigen einfachen Codezeile in Ihre Anwendungen einfügen. Noch etwas Besonderes: Alle Änderungen einer Composition, die über einen Layer erfolgen, werden automatisch animiert (sofern die betreffende Property animiert werden kann). Die Cells-Composition aus diesem Beispiel verfügt über eine öffentliche Input-Property für die Geschwindigkeit der Animation. Wenn Sie diesen Wert ändern, wird die Geschwindigkeit der Composition allmählich von ihrem Istwert an den neuen gesetzten Wert angepasst. Sie können diesen Wert jedoch auch mit einem Key-Pfad und einer einfachen Animation ändern. Hier ist der zugehörige Code:

Download MediaLayers/QuartzComposerLayers/QuartzCompositionView.m

```
- (CABasicAnimation *)animation {
  static CABasicAnimation *animation = nil;
```

```
if(nil == animation) {
    NSString *keyPath = [NSString stringWithFormat:@"patch.%@.value", // A
                         QCCompositionInputPaceKey];
    animation = [CABasicAnimation animationWithKeyPath:keyPath];
    animation.repeatCount = 1.0e100;
    animation.fromValue = [NSNumber numberWithFloat:0.25f];
    animation.toValue = [NSNumber numberWithFloat:3.0f];
    animation.autoreverses = YES;
    animation.duration = 10.0f;
}
return animation;
}
```

Hier wird die Animation mit einem Key-Pfad initialisiert (A). Dieser Key-Pfad gibt vor, was bei Anwendung der Animation geändert wird. Deshalb können Sie bei jeder Composition die öffentlichen Input-Keys mit demselben Mechanismus ändern. Diese Animation wird zu dem Layer hinzugefügt, wenn ein `mouseDown`-Event eintritt. Existiert die Animation bereits, wird sie entfernt; andernfalls wird sie hinzugefügt. Wenn sie hinzugefügt wird, ändert der Layer die Geschwindigkeit vom 0,25-Fachen der normalen Geschwindigkeit allmählich bis zu ihrem 3-Fachen.

Dies zeigt natürlich nur einen winzigen Ausschnitt der Möglichkeiten in Quartz Composer. Es ist ein großartiges Werkzeug, mit dem Sie wirklich beeindruckende Animationen erstellen können. Sie schulden es Ihren Benutzern, dieses Werkzeug eingehender zu prüfen. Vielleicht enthalten Ihre Anwendungen Aspekte, die von einer Composition profitieren könnten.

11.3 OpenGL-Layers

Bei Multiplayer-Online-Games mit riesigen Teilnehmerzahlen angefangen über Ego-Shooter bis hin zu medizinischen Bildgebungsverfahren spielt OpenGL eine wesentliche Rolle, wenn Computer für grafische Aufgaben eingesetzt werden. Mit der in Core Animation eingebauten OpenGL-Unterstützung können Sie bereits vorhandenen OpenGL-Code mit Core-Animation-Layers kombinieren, um OpenGL-Grafik in Core Animation zu integrieren.

In diesem Abschnitt gehe ich mit Ihnen ein einfaches Beispiel durch, in dem ein OpenGL-Würfel dargestellt wird, der sich um eine 3D-Achse dreht. Bei einem Klick bewegt sich der drehende Würfel in die Richtung des angeklickten Punktes. Abbildung 11.5 zeigt die Anwendung in Aktion. Der TOGGLE ROTATION-Button schaltet die Drehung ein oder aus.

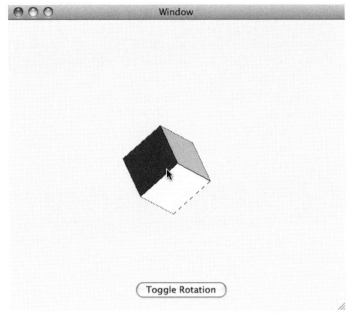

Abb. 11.5:   Quartz-Composer-Layer in Aktion

Wollen Sie OpenGL-Inhalte in Layers einfügen, bilden Sie einfach eine Unterklasse von CAOpenGLLayer und überschreiben einige Methoden. Hier der entsprechende Code für die init-Methode:

```
Download MediaLayers/OpenGLLayer/OpenGLLayer.m
- (id)init {
self = [super init];
self.animate = YES;
self.asynchronous = YES;
return self;
}
```

Hier werden die Properties animate und asynchronous auf YES gesetzt. Die
asynchronous-Property spezifiziert, ob der Layer laufend aktualisiert wird.

Ist asynchronous auf den Wert YES gesetzt, empfängt der Layer periodisch einen
Aufruf der Methode canDrawInCGLContext:pixelFormat:forLayerTime:dis-
playTime:. Wird YES zurückgegeben, wird drawInCGLContext:pixelFor-
mat:forLayerTime:displayTime: aufgerufen. Wird NO zurückgegeben, wird
die draw...-Methode nicht aufgerufen. Deshalb sollten Sie, wenn Ihre OpenGL-
Inhalte animiert werden, asynchronous auf den Wert YES setzen. Der anwendungsspezifische Layer animiert selektiv, je nachdem, ob das animate-Flag auf
YES oder NO gesetzt ist. Die canDraw...-Methode wird überschrieben. Deshalb

wird die draw...-Methode nur aufgerufen, wenn animate den Wert YES hat. Hier ist der Code:

```
Download MediaLayers/OpenGLLayer/OpenGLLayer.m
- (BOOL)canDrawInCGLContext:(CGLContextObj)glContext
            pixelFormat:(CGLPixelFormatObj)pixelFormat
            forLayerTime:(CFTimeInterval)timeInterval
            displayTime:(const CVTimeStamp *)timeStamp {
if(NO == self.animate) {
  previousTime = 0.0;
  }
return self.animate;
}
```

In dieser Methode wird die previousTime-Property auf null zurückgesetzt, weil sie in den Berechnungen der draw...-Methode verwendet wird.

Hier ist der Code:

```
Download MediaLayers/OpenGLLayer/OpenGLLayer.m
- (void)drawInCGLContext:(CGLContextObj)glContext
            pixelFormat:(CGLPixelFormatObj)pixelFormat
            forLayerTime:(CFTimeInterval)interval
            displayTime:(const CVTimeStamp *)timeStamp {
glClearColor(0.0f, 0.0f, 0.0f, 0.0f);
glClear(GL_COLOR_BUFFER_BIT | GL_DEPTH_BUFFER_BIT);
glEnable(GL_DEPTH_TEST);
glHint(GL_LINE_SMOOTH_HINT, GL_NICEST);
glHint(GL_POLYGON_SMOOTH_HINT, GL_NICEST);
if(previousTime == 0) {
  previousTime = interval;
    }
rotation += 15.0 * (interval - previousTime);
glLoadIdentity();                             // A
GLdouble comp = 1.0f/sqrt(3.0f);
glRotatef(rotation, comp, comp, comp);
[self drawCube];
glFlush();
previousTime = interval;
glDisable(GL_DEPTH_TEST);
glHint(GL_LINE_SMOOTH_HINT, GL_DONT_CARE);
glHint(GL_POLYGON_SMOOTH_HINT, GL_DONT_CARE);
  }
```

Der größte Teil dieses Codes ist OpenGL-Code, auf den ich nicht eingehen möchte. Doch dann wird die `drawCube`-Funktion aufgerufen (A), die dafür verantwortlich ist, die Kanten und anderes in die OpenGL-Pipeline einzuspeisen.

Bei der Arbeit mit OpenGL-Layers müssen Sie noch einen weiteren Aspekt beachten: Das Standard-Pixelformat von OpenGL geht von einigen Voraussetzungen aus, die Ihnen möglicherweise nicht gefallen. Wenn Sie den Layer anweisen wollen, ein Ihnen genehmes Pixelformat zu verwenden, überschreiben Sie die `copy-CGLPixelFormatForDisplayMask:`-Methode und geben das gewünschte Pixelformat zurück. Insbesondere bei der Darstellung von 3D-Szenen (im Gegensatz zu einfachen Texturen) sollten Sie einen Tiefen-Buffer verwenden (der standardmäßig deaktiviert ist). Hier ist der Code für dieses Beispiel:

```
Download MediaLayers/OpenGLLayer/OpenGLLayer.m
- (CGLPixelFormatObj)copyCGLPixelFormatForDisplayMask:(uint32_t)mask {
CGLPixelFormatAttribute attribs[] =
  {
  kCGLPFAAccelerated,
  kCGLPFADoubleBuffer,
  kCGLPFAColorSize, 24,
  kCGLPFADepthSize, 16,
  0
  };
CGLPixelFormatObj pixelFormatObj = NULL;
GLint numPixelFormats = 0;

CGLChoosePixelFormat(attribs, &pixelFormatObj, &numPixelFormats);
return pixelFormatObj;
}
```

In diesem Kapitel wurden drei vorher noch nicht beschriebene Layer-Typen behandelt. Sie haben gelernt, wie Sie QuickTime, Quartz-Composer-Compositions und OpenGL-Inhalt in Anwendungen integrieren können. Ich hoffe, dass Ihnen der Kopf brummt, wenn Sie diese wirklich beeindruckenden Möglichkeiten dieser Integrationstechnologie bedenken.

Kapitel 12

Core Animation auf dem iPhone

Nur wenn Sie Ihrem tiefsten Instinkt folgen, können Sie ein erfülltes Leben führen; und wenn Ihre Angst vor den Konsequenzen Sie davon abhält, Ihrem tiefsten Instinkt zu folgen, dann wird Ihr Leben sicher, nützlich und oberflächlich verlaufen.

Katharine Butler Hathaway

Obwohl Core Animation zuerst in Mac OS X Leopard veröffentlicht wurde, teilte Apple bei der Markteinführung des iPhone SDK mit, dass Core Animation für das iPhone entwickelt worden war. Dieses intuitive und schöne UI, das aus dem iPhone eine herausragende technische Errungenschaft macht, verdankt seine Existenz den Animationsfähigkeiten, die in Core Animation eingebaut sind. Natürlich umfassen das iPhone und sein SDK viel mehr als Core Animation, aber der Kern des UI basiert auf Core Animation.

Einer der besten Aspekte von Core Animation auf dem iPhone ist seine Ähnlichkeit mit Core Animation unter Mac OS X. Es umfasst viele Klassen, die Sie bereits kennen gelernt haben, darunter `CABasicAnimation`, `CAMediaTiming` und die meisten anderen. Natürlich gibt es einige Unterschiede, weil das iPhone einzigartig ist. Die Unterschiede zwischen Core Animation unter Mac OS X und dem iPhone OS sind Thema dieses Kapitels.

12.1   Cocoa Touch

Cocoa Touch ist das iPhone-Gegenstück zu Cocoa unter Mac OS X. Viele Konzepte aus Cocoa sind auch in Cocoa Touch enthalten. AppKit unter Mac OS X hat `NSResponder`, um in einer Mac-Anwendung auf Events aller Art zu reagieren. Das iPhone verfügt für diese Funktionalität über `UIResponder`. Viele Begriffe, die Sie sich bei der Erstellung von Cocoa-Anwendungen für den Mac angeeignet haben, können Sie direkt auf die Cocoa Touch Frameworks auf dem iPhone übertragen.

Wie bei AppKit ist Core Animation eng in UIKit auf dem iPhone integriert. Tatsächlich ist die Integration unter dem iPhone OS noch stärker. Wollen Sie in AppKit Layers verwenden, müssen Sie das Layer-Backing einer View ausdrücklich aktivieren. Dagegen verfügen auf dem iPhone alle Views (Instanzen und Unterklassen von `UIView`) von ihrer Erstellung bis zu ihrer Zerstörung über einen `CALayer`.

Wegen der engen Integration in UIView müssen Sie auf dem iPhone Core Animation wahrscheinlich seltener direkt benutzen, um eine dynamische Benutzerschnittstelle zu erstellen. UIView liegt als dünne Schicht über CALayer. Sie können es als einen CALayer mit einigen Hilfsmethoden zur Event-Verarbeitung auffassen. Das folgende Beispiel (siehe Abbildung 12.1) soll zeigen, wie leicht Sie eine Cocoa-Touch-basierte Benutzerschnittstelle animieren können. Die Box im unteren Teil wird mit einer flüssigen Animation an die Stelle verschoben, die Sie antippen.

Abb. 12.1: Einfaches UIKit-Interface

Der folgende Code zeigt, wie diese einfache Animation funktioniert. Sie wird von der touchesEnded:withEvent:-Methode ausgeführt:

```
Download CAOniPhone/Simple/Classes/MyView.m
- (void)touchesEnded:(NSSet *)touches withEvent:(UIEvent *)event {
  UITouch *touch = touches.anyObject;
  [UIView beginAnimations:@"center" context:nil];              // A
  self.boxView.center = [touch locationInView:self];           // B
  [UIView commitAnimations];                                   // C
}
```

Die Methode `beginAnimation:context:` (A) startet einen Animationsblock. Alle Animationen, die innerhalb eines Blocks angestoßen werden, starten und enden zum selben Zeitpunkt. So können Sie beispielsweise ein Objekt gleichzeitig abblenden und verschieben, indem Sie beide Animationen in denselben Block einfügen. Dann wird der `center`-Wert der View geändert (B). Diese Änderung wird animiert, da sie in einem Animationsblock erfolgt. Ein Animationsblock ist ein Satz von Property-Änderungen, die zwischen dem Aufruf der Methoden `beginAnimation:context:` und `commitAnimations` erfolgen. Dies ähnelt der Arbeit mit dem `animator`-Proxy zur Animation von AppKit-Views. Mit dem Aufruf von `commitAnimations` (C) werden die Animationen gestartet.

12.1.1 Anwendungsspezifische Animationen

Wie bei AppKit können Sie die Standardanimationen in UIKit durch eigene Animationen überschreiben, um die Animationen genauer zu steuern. Im Gegensatz zu einer `NSView` verfügt jede `UIView` über einen Layer. Der `UIView` wird zum Delegate des Layers. Um eine eigene Animation zu erstellen, müssen Sie deshalb nur die Delegate-Methode `animationForLayer:forKey:` überschreiben und Ihre eigene Animation für den betreffenden Key zurückgeben.

Der folgende Code erstellt eine anwendungsspezifische Animation für die Positionsänderung:

```
Download CAOniPhone/Simple/Classes/BoxView.m
- (id<CAAction>)actionForLayer:(CALayer *)layer forKey:(NSString *)key {
  id<CAAction> animation = nil;
  if([key isEqualToString:@"position"]) {
    animation = [CABasicAnimation animation];
    ((CABasicAnimation*)animation).duration = 1.0f;
  } else {
    animation = [super actionForLayer:layer forKey:key];
  }
  return animation;
}
```

Dieser Code ähnelt den Delegate-Methoden bei der Anpassung von Animationen in den Layers unter Mac OS X. Ähnliches gilt für die gesamte Core Animation auf dem iPhone. Die Unterschiede werden etwas später beschrieben; doch es bleibt bemerkenswert, wie ähnlich die Programmierung von Core Animation für das iPhone und für Mac OS X ist.

Die meisten Funktionen von Core Animation und AppKit stehen auch in UIKit zur Verfügung. Es gibt jedoch eine Ausnahme: Auf dem iPhone gibt es kein Core Image. Ohne Core Image können Sie keine anwendungsspezifischen Übergänge oder Filter für UIViews spezifizieren.

12.2 Layers und Animationen

Die meisten Layers, die Sie kennen gelernt haben, gibt es auch auf dem iPhone. Die Root der Layer-Klassenhierarchie ist erwartungsgemäß `CALayer`. Der einzige Unterschied besteht darin, dass auf dem iPhone die filterbezogenen Attribute dieser Klasse entfernt wurden. Da Core Image nicht zur Verfügung steht, werden diese Properties nicht benötigt. Die anderen bekannten Dinge sind jedoch vorhanden. Layers animieren immer noch automatisch jede Property-Änderung; und mit der `contents`-Property können Sie immer noch ein Bild in einen Layer einfügen.

Die Klassen `CATiledLayer` und `CAScrollLayer` sind im Wesentlichen auch dieselben wie unter Mac OS X. Der gekachelte Layer wird für kleinere Bilder verwendet, da der Speicher auf dem iPhone natürlich im Vergleich zu einem Mac geringer ist. Während ein typischer Mac der Leopard-Ära leicht ein Bild mit 2048 mal 2048 Pixel darstellen kann, arbeitet das iPhone mit einem Viertel dieser Größe, also 1024 mal 1024 Pixel.

Das iPhone enthält weder den Quartz Composer noch eines seiner Frameworks. Deshalb ist die Darstellung einer Quartz-Composer-Composition auf dem iPhone gegenwärtig nicht möglich. Deswegen ist der entsprechende Layer auf dem iPhone ebenfalls nicht vorhanden.

Dasselbe gilt im Wesentlichen auch für QuickTime. Auf dem iPhone sind zwar Teile von QuickTime enthalten; sie sind aber nur über das Media Player Framework zugänglich. Deshalb unterstützt das iPhone auch keinen QuickTime-Layer. Diese Restriktion ist nicht sehr einschneidend. Sie können auf dem iPhone Movies mit dem Media Player Framework abspielen. Außerdem sind die Interaktionen und Schnittstellen, die mit der QuickTime-Layer-Funktionalität erstellt werden, auf dem iPhone kaum sinnvoll einsetzbar.

OpenGL steht auf dem iPhone in der Form von OpenGL ES zur Verfügung. OpenGL ES ist eine Untermenge des OpenGL-API. Es enthält im Wesentlichen dieselbe Funktionalität, aber ohne die zusätzlichen Hilfsmittel, um Dinge zu spezifizieren, die im eigentlichen OpenGL existieren. So können Sie etwa bei Polygonen in OpenGL Dreiecke oder Quads (Quadratics) übergeben. Doch wenn Sie ein Quad übergeben, wandelt der Treiber es einfach in Dreiecke um. In OpenGL ES müssen Sie Daten als Dreiecke übergeben; Quads sind nicht zugelassen. Dadurch wird nicht nur der Treiber viel einfacher, sondern auch effizienter. Es gibt noch andere, ähnliche Trade-offs, doch im Wesentlichen deckt sich OpenGL ES mit OpenGL. Näheres über die Unterschiede können Sie auf der Khronos-Website erfahren: `http://www.khronos.org/opengles/`.

Das nächste Beispiel soll die Anwendung von Core Animation auf dem iPhone demonstrieren. In diesem Beispiel laden Sie ein Foto aus der Photo Library auf Ihren iPod Touch oder Ihr iPhone, zeigen es in einem Layer an, zerlegen den Layer in viele kleinere Layers und lassen dann die Bruchstücke vom Bildschirm fliegen. Abbildung 12.2 zeigt ein ausgewähltes Foto.

Abb. 12.2:   Foto, das in einem Layer angezeigt wird

Der Code verwendet den typischen Ansatz, indem er einen UIImagePickerController mit einer Quelle vom Typ UIImagePickerControllerSourceTypePhotoLibrary erstellt. Hat der Benutzer das gewünschte Foto ausgewählt, wird die Delegate-Methode imagePickerController:didFinishPickingImage:editingInfo: aufgerufen. Hier ist der Code dieser Methode:

```
Download CAOniPhone/Confetti/Classes/RootController.m
- (void)imagePickerController:(UIImagePickerController *)picker
      didFinishPickingImage:(UIImage *)newImage
            editingInfo:(NSDictionary *)editingInfo {
  self.image = newImage;                               // A
  drawnImage = [self scaleAndCropImage:self.image];
  imageLayer.contents = (id)drawnImage;
  [[picker parentViewController] dismissModalViewControllerAnimated:YES];
}
```

Zunächst kopiert diese Methode eine Referenz auf das ausgewählte Bild (A). Dann wird das Bild mit der `scaleAndCropImage:`-Methode skaliert und beschnitten, damit es in den Layer passt. Dann wird es der `contents`-Property des Bild-Layers zugewiesen, und der Bildauswahl-Controller wird verworfen. Abgesehen von diesem Controller unterscheidet sich dieser Prozess nicht von dem Ablauf in einem Mac-Programm.

Abbildung 12.3 zeigt das Bild, nachdem es in mehrere Teile zerlegt worden ist, die vom Bildschirm fliegen.

Abb. 12.3:   Bildteile, die vom Bildschirm fliegen

Der folgende Code zeigt, wie diese Effekte realisiert werden:

```
Download CAOniPhone/Confetti/Classes/RootController.m
- (void)pop:(id)sender {
  if(nil != imageLayer.contents) {
    CGSize imageSize = CGSizeMake(CGImageGetWidth(drawnImage),
                                  CGImageGetHeight(drawnImage));
    NSMutableArray *layers = [NSMutableArray array];
    for(int x = 0;x < kXSlices;x++) {
      for(int y = 0;y < kYSlices;y++) {
```

```
            CGRect frame = CGRectMake((imageSize.width / kXSlices) * x,
                                      (imageSize.height / kYSlices) * y,
                                      imageSize.width / kXSlices,
                                      imageSize.height / kYSlices);
        CALayer *layer = [CALayer layer];
        layer.frame = frame;
        layer.actions = [NSDictionary dictionaryWithObject:          // A
              [self animationForX:x Y:y imageSize:imageSize]
                                        forKey:@"opacity"];
        CGImageRef subimage =
              CGImageCreateWithImageInRect(drawnImage, frame);
        layer.contents = (id)subimage;
        CFRelease(subimage);
        [layers addObject:layer];
      }
    }
    for(CALayer *layer in layers) {
      [imageLayer addSublayer:layer];
      layer.opacity = 0.0f;                                          // B
    }
    imageLayer.contents = nil;
  }
}
```

Die pop:-Methode erfüllte zwei Aufgaben: Erstens zerlegt sie das Bild in mehrere
Teile, indem sie für jedes Teil einen neuen Layer erstellt und diesen dann als Sublayer zu dem Bild-Layer hinzufügt. Dieser Code ist recht unkomplizierter Quartz-
Code, über den Sie mehr in dem Quartz- Buch ([GLo6]) erfahren können. Der
Code fügt mit einem actions-Dictionary eine anwendungsspezifische Animation
zu dem Layer hinzu (A). Zweitens löst die Funktion die Animation aus, indem sie
die Deckkraft ändert (B).

Die Animation besteht aus einer Gruppe mit zwei Animationen. Die erste Animation ändert die Deckkraft der Teile. Je weiter sie von ihrem Ausgangspunkt entfernt sind, desto transparenter werden sie. Die zweite Animation verschiebt die
Teile von ihrem Ausgangspunkt zu einem zufällig gewählten Punkt jenseits des
Bildschirms im selben Quadranten. Hier ist der Code für diese Animationen:

Download CAOniPhone/Confetti/Classes/RootController.m
```
- (CAAnimation *)animationForX:(NSInteger)x Y:(NSInteger)y
                   imageSize:(CGSize)size {
  CAAnimationGroup *group = [CAAnimationGroup animation];          // A
  group.delegate = self;
  group.duration = 2.0f;
```

```
CABasicAnimation *opacity =
    [CABasicAnimation animationWithKeyPath:@"opacity"];        // B
opacity.fromValue = [NSNumber numberWithDouble:1.0f];
opacity.toValue = [NSNumber numberWithDouble:0.0f];

CABasicAnimation *position =
    [CABasicAnimation animationWithKeyPath:@"position"];       // C
position.timingFunction =
    [CAMediaTimingFunction functionWithName:kCAMediaTimingFunctionEaseIn]
;
CGPoint dest = [self randomDestinationX:x Y:y imageSize:size];
position.toValue = [NSValue valueWithCGPoint:dest];

group.animations = [NSArray arrayWithObjects:opacity, position, nil];
return group;
}
```

Am Anfang (A) wird die Gruppenanimation erstellt: die opacity-Animation von 1 nach 0 (B) und eine Animation für die Verschiebung (C).

Das meiste, was Sie über Core Animation gelernt haben, können Sie hier direkt auf Anwendungen mit dem iPhone SDK anwenden. Sie müssen jedoch daran denken, wie Anwendungen auf dem iPhone funktionieren. Wenn Sie den Code einfach von einer Mac-Anwendung für das iPhone kopieren, können Sie die Anwendung vielleicht kompilieren und ausführen, aber die Benutzererfahrung wird suboptimal sein. Stattdessen sollten Sie die Anwendung auf die Funktionen reduzieren, die der Benutzer unterwegs wahrscheinlich braucht.

12.3   OpenGL-Layers

OpenGL wird auf dem iPhone nur mit einem Core-Animation-Layer programmiert. Dies unterscheidet sich von der Programmierung auf dem Mac, wo Core Animation nur eine von mehreren Optionen ist, um OpenGL-Inhalte auf den Bildschirm zu bringen. In diesem Abschnitt erfahren Sie, wie Sie ein Layer für OpenGL-Zeichnungen erstellen.

Um einen Core-Animation-Layer für eine OpenGL-Zeichnung zu erstellen, müssen Sie eine Unterklasse von UIView ableiten und die layerClass-Methode so überschreiben, dass sie die CAEAGLLayer-Klasse zurückgibt. Die layerClass-Methode gibt standardmäßig CALayer zurück und wird aufgerufen, wenn die View eingerichtet wird. In dieser Methode können Sie die Art des zu verwendenden Hintergrundspeichers für Views festlegen (denken Sie daran, dass auf dem iPhone alle Views mit Layers verbunden sind).

Nachdem Sie die View mit OpenGL verbunden haben, muss der Kontext initialisiert werden. Gegenwärtig umfasst diese Aufgabe zwei Schritte: Erstens muss die drawableProperties-Property des Layers initialisiert werden. Zweitens muss ein Frame konstruiert und konfiguriert werden. Danach ist die Anwendung bereit, Befehle für OpenGL-Zeichenoperationen entgegenzunehmen. Wie bei OpenGL üblich, gibt es zahlreiche Optionen. Eine ausführliche Beschreibung würde den Rahmen dieses Buches sprengen (siehe das Blue Book [WLH07]; es enthält eine hervorragende Einführung in die Arbeit mit OpenGL). Glücklicherweise nimmt Ihnen die OpenGL-ES-Anwendungsvorlage aus Xcode diese Erstellung und Konfiguration weitgehend ab.

Hier ein kurzer Blick auf den Code dieser Vorlage. Zunächst die Konfiguration des Layers:

Download CAOniPhone/RotatingBox/Classes/EAGLView.m

```
CAEAGLLayer *eaglLayer = (CAEAGLLayer *)self.layer;
eaglLayer.opaque = YES;
eaglLayer.drawableProperties =
                [NSDictionary dictionaryWithObjectsAndKeys:
                [NSNumber numberWithBool:FALSE],
                kEAGLDrawablePropertyRetainedBacking,
                kEAGLColorFormatRGBA8,
                kEAGLDrawablePropertyColorFormat, nil];
```

Diese Konfiguration stellt kein Retained Backing zur Verfügung und spezifiziert (mit der Konstanten kEAGLColorFormatRGBA8) das Farbformat *RGBA 8*. Alternativ könnten Sie sehr viele andere Farbformate verwenden. Doch da Sie beim iPhone auch an die beschränkte Bandbreite denken müssen, sollten Sie immer möglichst die kleinsten Typen (also auch Farbformate) verwenden, die in Ihrer Anwendung noch funktionieren.

Der folgende Code zeigt, wie EAGLContext konfiguriert wird:

Download CAOniPhone/RotatingBox/Classes/EAGLView.m

```
context = [[EAGLContext alloc] initWithAPI:kEAGLRenderingAPIOpenGLES1];
if (!context || ![EAGLContext setCurrentContext:context]) {
  [self release];
  return nil;
}
```

In der ersten Zeile wird der API-Level spezifiziert, mit dem Sie festlegen können, welche Version des API Sie verwenden möchten. Für iPhone OS 2.0 müssen Sie den Wert kEAGLRenderingAPIOpenGLES1 verwenden. Sie können aber damit rechnen, dass die Liste bei späteren Versionen des iPhone OS erweitert werden wird.

Als Nächstes wird der gegenwärtige Kontext gesetzt:

Download CAOniPhone/RotatingBox/Classes/EAGLView.m

```
- (void)layoutSubviews {
    [EAGLContext setCurrentContext:context];
    [self destroyFramebuffer];
    [self createFramebuffer];
    [self drawView];
}
```

In layoutSubviews wird der gegenwärtige Kontext gesetzt. Außerdem wird der Frame-Buffer neu erstellt. (Näheres erfahren Sie auch hier aus dem blauen Buch: [WLH07].) Wenn alles reibungslos verläuft, ist die Anwendung bereit, ihr erstes Frame zu zeichnen.

Hier ist der Code:

Download CAOniPhone/RotatingBox/Classes/EAGLView.m

```
- (void)drawView {
    const GLfloat squareVertices[] = {
        -0.5f, -0.5f,
        0.5f, -0.5f,
        -0.5f, 0.5f,
        0.5f, 0.5f,
    };
    const GLubyte squareColors[] = {
        255, 255, 0, 255,
        0, 255, 255, 255,
        0, 0, 0, 0,
        255, 0, 255, 255,
    };

    [EAGLContext setCurrentContext:context];                    // A

    glBindFramebufferOES(GL_FRAMEBUFFER_OES, viewFramebuffer);
    glViewport(0, 0, backingWidth, backingHeight);

    glMatrixMode(GL_PROJECTION);
    glLoadIdentity();
    glOrthof(-1.0f, 1.0f, -1.5f, 1.5f, -1.0f, 1.0f);
    glMatrixMode(GL_MODELVIEW);
    glRotatef(3.0f, 0.0f, 0.0f, 1.0f);

    glClearColor(0.5f, 0.5f, 0.5f, 1.0f);
```

```
    glClear(GL_COLOR_BUFFER_BIT);

    glVertexPointer(2, GL_FLOAT, 0, squareVertices);          // B
    glEnableClientState(GL_VERTEX_ARRAY);
    glColorPointer(4, GL_UNSIGNED_BYTE, 0, squareColors);
    glEnableClientState(GL_COLOR_ARRAY);

    glDrawArrays(GL_TRIANGLE_STRIP, 0, 4);                    // C

    glBindRenderbufferOES(GL_RENDERBUFFER_OES, viewRenderbuffer);
    [context presentRenderbuffer:GL_RENDERBUFFER_OES];
}
```

Der gegenwärtige Kontext wird auf den zuvor erstellten Kontext gesetzt (A). Sie müssen den Kontext immer setzen, bevor Sie zeichnen; andernfalls ist das Ergebnis unvorhersagbar. Dann werden die Daten der Kanten übergeben (B). Nachdem OpenGL die Daten hat, stellt schließlich der Aufruf von `glDrawArrays()` (C) die Figur dar. Abbildung 12.4 zeigt das Ergebnis.

Abb. 12.4: Sich drehende Box

In diesem Kapitel wurden die Unterschiede zwischen Core Animation auf dem iPhone und unter Mac OS X behandelt. Mit Ihren neuen Kenntnissen können Sie jetzt beeindruckende Anwendungen für beide Plattformen schreiben. Ich bin neugierig auf Ihre Kreationen!

Literaturverzeichnis

[App06]   Apple, Inc. *Cocoa Drawing Tips.*
           `http://developer.apple.com/documentation/Performance/`
           `Conceptual/Drawing/Articles/CocoaDrawingTips.html#//`
           `apple_ref/doc/uid/TP40001470-BAJJAFGE`, 2006.

[App07a]   Apple, Inc. *Introduction to Quartz 2D Programming Guide.*
           `http://developer.apple.com/documentation/Graphics-`
           `Imaging/Conceptual/drawingwithquartz2d/dq_intro/`
           `chapter_1_section_1.html`, 2007.

[App07b]   Apple, Inc. *Introduction to Quartz Composer User Guide.*
           `http://developer.apple.com/documentation/Graphics-`
           `Imaging/Conceptual/QuartzComposerUserGuide/qc_intro/`
           `chapter_1_section_1.html`, 2007.

[App08a]   Apple, Inc. *Introduction to Core Animation Programming Guide.*
           `http://developer.apple.com/documentation/Cocoa/Concep-`
           `tual/CoreAnimation_guide/Introduction/Introduction.html`,
           2008.

[App08b]   Apple, Inc. *Introduction to Core Image Programming Guide.*
           `http://developer.apple.com/documentation/Graphics-`
           `Imaging/Conceptual/CoreImaging/ci_intro/`
           `chapter_1_section_1.html`, 2008.

[App08c]   Apple, Inc. *Opengl Programming Guide for Mac OS X.*
           `http://developer.apple.com/documentation/Graphics-`
           `Imaging/Conceptual/OpenGL-MacProgGuide/opengl_intro/`
           `chapter_1_section_1.html`, 2008.

[GL06]   David Gelphman und Bunny Laden. *Programming with Quartz, 2D and PDF Graphics in Mac OS X.* Morgan Kaufman, San Francisco, 2006.

[WLH07]   Richard S. Wright, Jr., Benjamin Lipchak und Nicholas Haemel. *OpenGL SuperBible.* Addison-Wesley Longman, Reading, MA, fourth-edition, 2007.

Stichwortverzeichnis

Marius Apetri

3D-Grafik
Programmierung

- **Alle mathematischen Grundlagen**

- **Von einfachen Rasteralgorithmen bis hin zu Landscape Generation**

- **3D-Grafik in C++, optimaler Einstieg in OpenGL und Direct3D**

mitp · Marius Apetri · 2. Auflage · inklusive CD

3D-Grafik Programmierung

Alle mathematischen Grundlagen
Von einfachen Rasteralgorithmen bis hin zu Landscape Generation
3D-Grafik in C++, optimaler Einstieg in OpenGL und Direct3D

2. Auflage

Komplexe dreidimensionale Grafikentwicklung ist die Grundlage vieler neuer Softwareprodukte. Spiele, Animationen für Film- und Videoprojekte, wissenschaftliche Darstellungen oder „virtuelle Realität" in der Technik basieren auf den mathematischen und softwaretechnischen Methoden der 3D-Grafikprogrammierung.

Dieses Buch liefert die ideale Grundlage für den ambitionierten Software-Entwickler in der Grafikprogrammierung, es deckt alle wesentlichen Aspekte des Fachgebietes ab und kann als Lese- und Nachschlagewerk verwendet werden. Alle Themen werden ausführlich und allgemein verständlich behandelt. Die zweite Auflage des Buches wurde neben den vollständig überarbeiteten Texten um zahlreiche neue Themen erweitert wie beispielsweise die Visualisierung einer virtuellen Welt aus der Sicht verschiedener Kameras. Die Erarbeitung der Kenntnisse wird durch zahlreiche Übungsaufgaben und Beispielprogramme unterstützt.

Zusätzlich zur Beschreibung der Themen werden die Techniken und Vorgehensweisen vermittelt, die dem Leser die Formulierung eigener, unabhängiger Algorithmen ermöglichen.

Dank des bewährten didaktischen und thematischen Aufbaus werden komplexe Zusammenhänge einem breiten Publikum nachvollziehbar erklärt. Dieses Buch ist selbst für Nicht-Mathematiker und Leser mit nur wenigen Grundkenntnissen verständlich.

Auf der CD:
CYGWIN Compiler (32 Bit), sämtliche Quellcodes, ca. 150 zusätzliche pdf-Seiten mit den Lösungen und Besprechungen der Übungsaufgaben und Projekte sowie 2 zusätzliche Anhänge

Probekapitel und Infos erhalten Sie unter: **www.it-fachportal.de**

ISBN 978-3-8266-1767-6

Elisabeth Jung

Java 6
Das Übungsbuch
Band I

200 Aufgaben mit vollständigen Lösungen

- Trainieren Sie Ihre Java-Kenntnisse

- Learning by Doing anhand praktischer Übungen

- Mit vollständigen und kommentierten Lösungen

Dieses Buch ist kein Lehrbuch, sondern ein reines Übungsbuch und wendet sich an Leser, die ihre Java-Kenntnisse anhand zahlreicher praktischer Übungen durch „Learning by Doing" vertiefen und festigen möchten. Es ist ideal, um sich auf Prüfungen vorzubereiten oder das praktische Programmieren mit Java zu üben.

Jedes Kapitel enthält zunächst eine kompakte Zusammenfassung des Stoffes, der in den Übungsaufgaben dieses Kapitels verwendet wird. Anschließend haben Sie die Möglichkeit, zwischen Aufgaben in drei verschiedenen Schwierigkeitsstufen – von einfach bis anspruchsvoll – zu wählen. Anhand dieser Aufgaben können Sie Ihr Wissen praktisch testen. Am Ende des Kapitels finden Sie vollständige und kommentierte Musterlösungen.

Es werden folgende Themen abgedeckt:

Die Kapitel 1 bis 3 enthalten Aufgaben zur objektorientierten Programmierung mit Java, in den Kapiteln 4 bis 6 üben Sie die Java-GUI-Programmierung mit AWT und Swing, die Kapitel 7 bis 10 beschäftigen sich mit inneren Klassen, Generics, Exceptions und Neuerungen in Java 6.

Nach dem Durcharbeiten des Buches verfügen Sie über fundierte Programmierkenntnisse und einen umfangreichen Fundus an Beispielcode.

Probekapitel und Infos erhalten Sie unter:
www.it-fachportal.de/1780

ISBN 978-3-8266-1780-5

Elisabeth Jung

Java 6

Das Übungsbuch
Band II

Über 160 Aufgaben mit vollständigen Lösungen

- Trainieren Sie Ihre Java-Kenntnisse

- Learning by Doing anhand
  praktischer Übungen

- Mit vollständigen und
  kommentierten Lösungen

Dieses Buch ist kein Lehrbuch, sondern ein reines Übungsbuch und wendet sich an Leser, die ihre Java-Kenntnisse anhand zahlreicher praktischer Übungen durch »Learning by Doing« vertiefen und festigen möchten. Es ist ideal, um sich auf Prüfungen vorzubereiten oder das Programmieren mit Java praxisnah zu üben.

Jedes Kapitel enthält zunächst eine kompakte Zusammenfassung des Stoffes, der in den Übungsaufgaben dieses Kapitels verwendet wird. Anschließend haben Sie die Möglichkeit, zwischen Aufgaben in drei verschiedenen Schwierigkeitsstufen – von einfach bis anspruchsvoll – zu wählen. Anhand dieser Aufgaben können Sie Ihr Wissen praktisch testen und vertiefen. Am Ende des Kapitels finden Sie vollständige und kommentierte Musterlösungen.

Es werden folgende Themen abgedeckt: Dateien und Streams, Multithreading, Java-Applets, Multimedia für Applets und Applikationen, Threads und Animation, Java-Applets und Webbrowser, Netzwerkprogrammierung.

Nach dem Durcharbeiten des Buches verfügen Sie über fundierte Programmierkenntnisse und einen umfangreichen Fundus an Beispielcode.

Dieses Buch ist Band II zu dem Titel Java 6 – Das Übungsbuch. Der erste Band behandelt die Themen OOP mit Java, GUI-Programmierung mit AWT und Swing, innere Klassen, Generics, Exceptions und Neuerungen in Java 6.

Probekapitel und Infos erhalten
Sie unter: **www.it-fachportal.de**

ISBN 978-3-8266-5956-0

Fritz Anderson

Xcode 3

- Editieren, Debuggen, Testen, Kompilieren

- Dokumentation, Datenmodellierung, Cross-Development

- Das Build-System von Xcode, die Tools Interface Builder, Instruments und Shark

Apples neues Xcode 3.x ist die leistungsstärkste Entwicklungs-Suite, die jemals für den Mac entwickelt wurde. Es ist das zentrale Tool für die Software-Entwicklung für Mac OS X. Mit Xcode 3 hat der bekannte Mac-Entwickler Fritz Anderson das maßgebliche Handbuch für die Entwicklung von Xcode-3-Anwendungen für den Mac oder das iPhone geschrieben.

Teil I des Buches ist eine praktische Einführung, in der Sie die Anwendung von Xcode in jeder Phase eines Projektes kennen lernen. Anderson leitet Sie durch ein einfaches Projekt, das den gesamten Lebenszyklus einer Xcode-3-Anwendung umfasst. Sie arbeiten mit den Befehlszeilenwerkzeugen zum Erstellen und Debuggen einer Anwendung, entwerfen das Datenmodell und die Mac-OS-X-Benutzerschnittstelle und lokalisieren und kompilieren die Anwendung. Nebenbei führt Anderson Sie in für die Mac-Entwicklung wichtige unterstützende Werkzeuge wie Interface Builder und Instruments ein, ein leistungsstarkes neues Werkzeug, um Code zu analysieren und zu optimieren.

In Teil II erfahren Sie, wie Sie Ihren Quellcode mit Xcode in einer beliebigen Umgebung verwalten können, egal ob Sie alleine oder als Mitglied eines weltweiten Teams arbeiten. Dabei stellt Anderson Ihnen das Build-System von Xcode 3.x vor und zeigt

Ihnen, wie Sie die Performance-Tools von Apple mit dem leistungsstarken statistischen Profiler Shark bestmöglich nutzen können.

Während dieses Buch auch Neuerungen in OS X 10.5 Leopard (insbesondere Objective-C 2.0) beschreibt, wurde der Sourcecode bewusst so ausgelegt, dass die fertigen Programme auch auf Systemen mit OS X 10.4 funktionieren. Das Buch ist aktuell für die Version Xcode 3.1.

Der Detailreichtum und die praktische Orientierung machen dieses Buch zu einem wertvollen und unverzichtbaren Werkzeug für jeden Mac-Entwickler sowie für erfahrene Programmierer, die von Xcode 2 upgraden oder von CodeWarrior wechseln, und UNIX/Linux-Programmierer, die auf Mac OS X umsteigen. Grundlegende Kenntnisse in Objective-C und Cocoa sind von Vorteil.

Über den Autor:

Fritz Anderson entwickelt seit 1984 Macintosh-Software. Zurzeit arbeitet er als Macintosh-Programmierer für die University of Chicago und als unabhängiger Berater für die Macintosh-Programmierung. Seine Artikel wurden in Macintosh Products Guide, Mac User und MacTech veröffentlicht.

Probekapitel und Infos erhalten Sie unter:
www.it-fachportal.de/5518

ISBN 978-3-8266-5518-0

Aaron Hillegass

Cocoa®

Programmierung für Mac® OS X

- Das Standardwerk zur Programmierung für Mac OS X in deutscher Übersetzung

- Einführung in Ojective-C, Xcode, Interface Builder und Instruments

- Neu in Mac OS X 10.4 und 10.5: Core Data, Garbage Collector und Core Animation

Wenn Sie Anwendungen für Mac OS X entwickeln, ist diese deutsche Übersetzung von *Cocoa Programming for Mac OS X, Third Edition* genau das richtige Buch für Sie. Aber auch wenn die Mac-Umgebung für Sie neu ist, wird Ihnen dieses Buch als erste Lektüre empfohlen. Das Buch behandelt den größten Teil der Themen, die Sie kennen müssen, um Featurereiche Anwendungen für OS X zu entwickeln. Aaron Hillegass hat die Inhalte in zahlreichen Seminaren in der Praxis getestet. So ist das Buch eine wertvolle Ressource für jeden Mac-Programmierer.

Dieses Buch vermittelt Ihnen die Grundlagen. Es behandelt die Programmiersprache Objective-C und die zentralen Design Patterns von Cocoa. Insbesondere führt Aaron Hillegass die drei gebräuchlichsten Tools für Mac-Entwickler ein: Xcode, Interface Builder und Instruments. Hillegass veranschaulicht seine Erklärungen mit praktischen Übungen und umfangreichem Beispielcode, der in den Idiomen der Cocoa-Community geschrieben ist, um Ihnen zu zeigen, wie Mac-Programme geschrieben werden sollten. Nachdem Sie dieses Buch gelesen haben, werden Sie genug wissen, um die Online-Dokumentation von Apple für Ihre eigenen einzigartigen Zwecke verstehen und nutzen zu können. Und Sie werden genug wissen, um stilsicher Ihren eigenen Code zu schreiben.

Diese dritte Auflage wurde auf die Technologien aktualisiert, die mit Mac OS X 10.4 und 10.5 eingeführt worden sind, darunter: Xcode 3, Objective-C 2, Core Data, Garbage Collector und Core Animation.

Probekapitel und Infos erhalten
Sie unter: **www.it-fachportal.de**

ISBN 978-3-8266-5960-7